23년 차 영어학원 원장의 학원 경영 로드맵

# 온리원 영어학원 만들기

김 위 아 지음

대경북스

# 온리원 영어학원 만들기

**1판 1쇄 인쇄**  2022년 11월 5일
**1판 1쇄 발행**  2022년 11월 10일

**지은이**  김위아

**발행인**  김영대
**펴낸 곳**  대경북스
**등록번호**  제 1-1003호
**주소**  서울시 강동구 천중로42길 45(길동 379-15) 2F
**전화**  (02)485-1988, 485-2586~87
**팩스**  (02)485-1488
**홈페이지**  http://www.dkbooks.co.kr
**e-mail**  dkbooks@chol.com

**ISBN**  978-89-5676-933-2

《온리원 영어학원 만들기》 저자 인세 전액은 소년소녀가장을 위해 기부됩니다.

# 그래서, 뭐가 문제야?

'뭐가 문제야. 내가 하고 싶은데!'
주문을 외웠다. 제법 효과 있었다.

대학 졸업 반, 희망을 품고 창업했다. 먹고 먹히는 세상을 만났
다. 많이 맞았다. 세게 맞았다. 너무 아파 감각조차 없었다. 조울증
을 앓는 학부모가 칼 들고 학원에 찾아왔다. 목숨을 잃을 뻔했다. 신
종 플루 사건으로 방송국 기자와 카메라맨이 들이닥쳤다. 건물주에
게 쫓겨났고, 망해 봤고, 암에도 걸렸다. 그 후론 어떤 주먹이 날라

와도 견딜 만했다.

　장애물이 클수록 단단해졌다. 웃을 수 있는 여유가 생겼다. 그리고 한 가지 바람이 생겼다. '예비 창업자와 초보 경영인은 덜 힘들었으면….' 나는 버텼지만, 무너지는 사람도 있을 테고, 단단해지기 위해 굳이 위험을 감수할 필요는 없으니까.

　학원 사업과 영어 교육의 철학은 '사람을 위하는 것'이다.
　위할 위(爲), 우리 아(我). '위아'는 '우리를 위한다'라는 뜻이다. 사람 없이 사업 없고, 학생 없이 학원 없다. 초심을 잃어갈 때, 자만에 빠져 학원에 소홀해질 때 질문을 던진다.
　좋아하는 이 일을 누구 덕분에 하고 있는가?

　내게는 노하우가 없다. 상황이 어떻든 간에, 할 수 있는 일을 찾았다. 사소한 거라도 미련하리만큼 정성을 들였다. 그게 전부였다. 내가 아는 건 남도 다 안다. 우리 학원에서 하는 건, 다른 학원도 한다. 세상에 단 하나뿐인 영어학원으로 만들기 위해, 할 수 있는 건 한 가지였다. 남들 다 하는 거, 몇 배 정성 들여 하기. 우리 학원 학부모, 학생, 선생님 그리고 나를 위해서.
　가장 오래 걸리는 길이라 생각했다. 지나고 보니, Only One으로 가는 지름길이었다. 이 책에는 독자가 모르는 특별한 비법은 없다. 노력과 실행의 과정만 있다.

학원 경영은 인생과 닮은꼴이다. 사람은 스무 살이 되면 성인이 된다. 부모로부터 자립할 수 있다. 부모도 한 발짝 떨어져 지켜봐 준다. 자신과 주위를 돌아본다. 영어 성적이 잘 나오지 않으면 다 내 탓인 것 같았다. 무게를 짐작조차 할 수 없는 책임감에 학원만 바라봤다. 스무 해가 돼서야 학원 밖을 둘러볼 여유가 생겼다. 여기저기서 초보 원장 시절 '나'를 보았다. 손잡아 주고 공감과 위로를 보내고 싶었다.

책 쓸 시간과 체력은 있는가?
손가락이 멈칫멈칫했다.
내 경험이 도움 될 수 있는가?
손가락은 키보드를 두드리고 있었다.
글 쓰는 게 좋아 책 쓰기도 쉬울 줄 알았다. 혼자 끄적이는 글과 독자를 위한 책은 결이 달랐다. 오타 하나 나올까 봐, 문법에 맞지 않을까 봐 한 글자 한 글자 돌다리 두들겨 보듯 썼다. 작가 3년 차다. 글쓰기는 서툴지만, 학원을 사랑하는 마음과 독자를 위한 진심에는 오류도 오타도 없다.

지독하게 꿈 많았고, 지독히도 배고팠다. 학원은 꿈을 이뤄주었다. 밥 걱정도 사라지게 했다. 나는, 학원이 고맙다. 여전히 좋아하는 일 하며 잘 살아가고 있다. 짧지 않은 세월, 성장하고 넘어지고 쉬어가고 다시 일어난 이야기를 썼다. 학원 경영의 희로애락, 사업의 철학 그리고 영어학원 경영 매뉴얼이 들어 있다.

학원 경영의 길을 가다 돌부리에 걸려 넘어질 수 있다. 벼랑 끝에 매달릴 때도 있다. 그때, 이 책이 힘이 되어 주면 좋겠다.

내 앞에는 늘 장애물이 있다.
'뭐가 문제인가? 내가 하고 싶은데!'
22년간 외웠던 마법의 주문을 함께 나누고 싶다.
학원 경영인의 행복한 일상을 응원한다.

학원 키우는 CEO
김위아

# 차 | 례

# 제3장 영어학원 경영 매뉴얼

## 제6장 영어학원 시험 대비 매뉴얼

# 제1장

# 영어학원 경영의 시작
# 그리고 23년 차

# 13세 소녀의 '아픔 공부'

김치찌개는 잘 먹는데, 된장찌개는 못 먹는다. 초등학교 졸업을 앞두고 겪은 일 때문이다.

책을 쓰는 건, '잃어버린 나'를 찾아가는 여행이었다. 기억 속 흑백 사진을 컬러로 복원시켰다. 글 쓰면서 알았다. 지금 모습은 하늘에서 뚝 떨어진 게 아니라는 걸. 잘나가는 학원장으로만 보이고 싶었다. 좋은 모습만 골라 쓰려 했다. 퍼즐이 맞춰지지 않았다. 잃어버린 조각을 찾아 과거로 거슬러 올라갔다. 기억의 끝에 다다랐다. 영어학원 창업도 작가도 부모님에게 받은 유산이었다.

아버지는 무역회사를 경영했다. 부모님은 여러 감투를 썼다. 학교와 기관에 후원했다. 교장 선생님은 나만 보면 괜히 머리를 쓰다듬었다. 운동장 전체 조례가 있는 날, 다른 반 선생님들이 내가 서 있는 곳으로 와 눈웃음을 보냈다. 우리 집은 손님으로 늘 붐볐다. '제발 좀 그만 오지. 저 사람들 언제 가.' 한 번 올 때마다 20~30명씩 왔다. 심통 난 내 마음과 달리, 엄마는 사람을 좋아했다. 즐거워 죽겠다는 표정으로 음식을 준비했고 손님을 맞이했다. 퍼주고 퍼주며 행복해했다. 사람 소리가 끊이질 않았다. 온종일 고소한 냄새가 코를 간질거렸다.

이상한 일이 생겼다. 엄마가 울었다. 웃기만 했던 엄마가 매일 울기만 했다.

어떤 모습으로 쫓겨났는지 기억나지 않는다. 우리는 순간 이동한 것처럼 작은 여관방에 있었다. 엄마, 아빠, 언니, 동생, 다섯 식구는 거기서 살았다. 열두 살인 나도 다리를 뻗지 못했다. 다섯 명이 다리를 반으로 접어 세우고 다닥다닥 붙어 잤다. 하루 한 끼, 반찬 없이 물에 말은 밥을 먹었다. 숟가락으로 먹으니 금세 바닥이 보였다. 젓가락으로 밥알을 세면서 먹었다. 북적북적 대던 집에 가고 싶었다. 고소한 냄새가 그리웠다. 석 달 정도 지났다. 엄마가 저녁에 된장찌개를 끓여줬다. 내가 좋아하는 반달 모양 호박과 각설탕 모양

두부가 뚝배기 위까지 찰랑찰랑했다. 된장찌개는 아빠와 내가 제일 좋아하는 반찬이었다. 그날 밤은 꼬르륵 소리가 나지 않았다. 입꼬리가 올라간 채 잠들었다.

다음 날 아침, 잠에서 깼다. 아빠는 어디론가 떠나고 없었다. 남은 네 식구도 여관에서 나왔다. 한 집에 얹혀살 수 없어 각자 다른 곳에서 살았다. 나는 경기도 친척 집에서 몇 달 지내다 중1 1학기에 부산으로 갔다. 처음 보는 친척 집에서 고3까지 살았다. 중고등학교 내내 다섯 식구가 다 함께 모여 서울 집에서 밥 먹는 상상을 했다. 친구에겐 일상이, 내겐 상상이었다.

6학년 겨울, 여관에서 먹은 된장찌개가 우리 가족이 함께 먹은 마지막 식사다.

부산에 갔다. 나를 기다리는 건, 바다가 아니었다. 부산 아이들은 서울 말씨를 놀렸다. 말할 때마다 흉내 냈다. 입을 닫았더니, 병어리라고 놀렸다.

"서울말 한번 해 봐!"

말할 때까지 귀찮게 했다. 부모님과 살지 않는다고 고아라고 수군댔다.

괴롭힘과 왕따가 멈췄다. 중1 2학기에 선생님이 칠판 옆에 전교 석차를 붙여 놨다. 내 등수를 보고, 괴롭히던 아이들이 사근사근해졌다. 영어, 한자, 국어 성적이 특히 좋았다.

나는 말괄량이 둘째 딸이었다. 맨날 뛰어다니다 사고 쳤다. 담을 넘고 산을 타러 다녔다. 옷에는 꽃무늬보다 흙 무늬가 많았다. 엄마는 서예를 했다. 고분고분하지 않고 어디로 튈지 모르는 둘째 딸이 걱정되었을까. 천자문을 엄하게 공부시켰다. 그날 분량을 마칠 때까지, 방문을 잠갔다. 다섯 살부터 열두 살까지 8년간 한자를 공부했다. 영어를 좋아하는 건 아버지 영향이다. 영어와 중국어를 공부하셨다. 다른 나라 이야기를 종종 들려 주셨다. 알파벳은 중1 때 처음 썼다. 2시 방향으로 누운 필기체를 쓸 때면 내 손은 왈츠를 췄다. 작가가 되어 서명하는 상상을 했다. 손에 잡힐 듯 말 듯 잡히지 않아 더 끌리는 영어, 내 삶이 되었다.

중·고등 내내 공부할 환경이 아니었는데, 영어와 한자는 늘 전교 1등이었다. 전체 성적도 상위권을 유지했다. 한자 공부 덕분일까. 교내·교외 글쓰기 대회에서 최우수상을 받았다. 이방인 서울내기는 학교의 자랑이 되었다. 놀림감이었던 서울 말씨는 나만의 무기가 되었다.

'씩씩하게 잘 지내고 있어야 엄마 아빠가 좋아할 거야.'

'좋은 대학에 들어가면 엄마 아빠가 기뻐할 거야.'

'돈 많이 벌어서 서울집을 되찾을 거야.'


절실한 목표가 생긴 사춘기 소녀는 이를 악물었다. 배고파도 이를 악물었다. 엄마, 아빠, 언니와 동생이 보고 싶어도 이를 악물었다. 천방지축 사고뭉치는 그렇게 철이 들었다. '깡'을 차곡차곡 쌓아갔다. 가족과 생이별하는 대가를 치르고 '아픔 공부'를 했다. 처음과 달리, 고아라고 놀리는 애가 있으면 되받아쳤다.

"너는 엄마가 해주는 밥 먹으면서, 왜 나보다 공부 못해? 학원 다니고, 과외도 하잖아. 왜 못하냐고?"

"너, 나보다 잘하는 건 있기나 해? 너 같이 멍청한 애랑 상대 안 해!"

깡으로 공부했다. 좋은 성적은 자존감을 높여줬다. 부모님 대신 방패막이가 되어 주었다.


그 애들은 알까. 엄마 밥 먹고, 아프면 징징댈 수 있었던 그 애들은 알까. 그 말이 지금도 내 심장에 박혀 있다는 걸.


우리 학원은 공부 독하게 시키기로 유명하다. 수업 시간 1분도 허투루 쓰지 않는다. 내가 그렇게 공부해서다. '아픔 공부'가 힘든 시기에 버틸 힘을 주었다. 학생에게 공부의 힘을 주고 싶었다. 영어, 한자, 글쓰기 덕분에 미운 오리 새끼에서 백조가 되었다. 교육은 부모님이 물려주신 유산이다. 낯선 곳, 낯선 사람들 틈에서 나를 지켜 줬다. 영어와 글쓰기는 내 정체성이었다.

그래서 중1 때부터 꿈이 영어학원 창업과 작가였다.

# 알바 여왕, 연봉 2억 학원장 되다

중1 때부터 친척 집에 얹혀살았다. 뭐든 스스로 했다. 대학 입학 후에는 생활비, 학비, 창업자금을 모아야 했다. 대학 내내 스무여 가지 아르바이트를 했다. 기억나는 것만 이 정도니 더 했을 거다. 꼬맹이 때부터 호기심 많고 겁이 없었다. 다양한 경험을 쌓고 싶어서 업종 상관없이 기간이 맞으면 했다. 유치원 무렵부터 사업가가 될 거란 얘기를 들으며 자랐다. 남의 일을 내 일처럼 하며 경영 감각을 익혔다. 내가 정한 세 가지 원칙이 있었다.

첫째, 근무 날짜와 시간은 반드시 지킨다.
하루를 일하든, 1년을 일하든, 계약 날짜보다 일찍 그만둔 적 없다. 면접 볼 때, 가능한 날짜와 시간 미리 말하고, 약속은 반드시 지켰다.

둘째, 사장님이 있거나 없거나 할 일 한다.

커피숍에서 일할 때였다. 혼자 오는 20대 여자 손님이 있었다. 심심할까 봐 잡지를 주고, 음료도 리필해 줬다. 알고 보니, 사장님 조카였다. 자리 비울 때, 직원이 어떻게 일하는지 보려고 스파이로 보냈다. 사장님이 없어도 할 일 제대로 했다. 사장님들에게 콘크리트 같은 신뢰를 얻었다. 성실성을 인정받아 사장님의 중3 딸에게 영어를 가르쳤다. 1호 과외 학생이었다. 과외 학생 대부분이 사장님 자녀와 조카였다.

셋째, 고객의 소리에 귀 기울인다.

아트박스 같은 대형 문구점에서 일했다. 중고등학생들이 "어떤 볼펜이 좋아요?" 물었다. 그날 집에 가서 샘플 볼펜을 일일이 써봤다. 필기감은 어떤지, 볼펜 똥이 나오는지 안 나오는지 체크했다. 학생들한테 딱 맞는 볼펜을 추천했다. 선물 포장은 특히 신경썼다. 손님을 행복하게 해주고 싶었다. 리본 묶는 연습을 수백 번 했다. 필요 없는 경험은 없다더니, 학원 홍보물을 포장할 때 잘 활용했다. 상담하러 온 학부모가 포장이 정성스러워 우리 학원에 와보고 싶었다고 했다.

창업 자금을 마련하려고 3년에 1천만 원 만드는 정기적금을 부었다. 500만 원은 자유적금으로 모았다. 1,500만 원 모아서 4학년에 학원 자리를 알아봤다. 눈여겨봤던 지역에 자리가 났다. 보증금 500에 월세 50만 원, 12평 상가를 계약했다. 철거비랑 수리비는 예상치 못한 비용이었다. 예산이 초과해서 원룸 보증금 300만 원을 뺐다. 10원도 남기지 않았다.

## 창업 초기 가장 많이 했던 두 가지

"쓸고 닦고 치우자. 새 시대가 열린다."

우리 학원 좌우명이다. 수년 전에 문구점에서 이 표어를 봤다. 청소에 목숨 거는 내 눈을 단박에 사로잡았다. 전혀 영어학원 답지 않은 좌우명은 방문객에게 큰 웃음을 준다. 쓸고 닦았더니 진짜 새 시대가 열렸다. 청소와 편지쓰기를 가장 많이 했다. 시설 좋은 학원 놔두고 작은 교습소에 오는 학생이 고마웠다. 뭐라도 해주고 싶은데 돈이 없었다. 시설로는 게임이 안 되지만, 깨끗한 교실은 자신 있었다. 전단지 돌리고, 홍보물 만들고, 청소하느라 손이 거칠거칠했다. 매달 학부모에게 A4 두 장 분량 편지를 썼다. 6개월 차 무렵까지는 매주 두 장씩 보냈다. 한 학생에게 한 달에 편지 여덟 장을 쓴 셈이다. 지금처럼 사진 전송이 흔하지 않을 때라, 학원에서 어떻게 지내는지 자세히 묘사했다. 학부모 마음을 움직였다.

오픈하고 6개월간은 20명 정도였다. 20명 학생이 동생, 친척 그리고 친구를 데려오면서 한 달 만에 배로 늘었다. 7개월 차에 40명 가까이 되었다. 8개월 차에 다시 거의 배로 늘어서 재학생 50명, 대기 학생 20명이 되었다. 확장 이전했고 몇 달 지나지 않아 100명이 넘었다. 오픈 초기에는 초등부가 많았지만, 시간이 지날수록 중고등부 비율이 높아졌다. 학생 수는 비슷한데 중고등부 교육비가 비싸서 매출이 1.5배 이상 늘었다.

대학 내내 알바와 과외를 쉬지 않고 했다. 한 달에 100만 원 전후를 벌었다. 고등부를 직접 가르쳤던 시기에는 연봉 2억 학원장이 되었다. 10년간은 강사 문제로 중간중간 짧은 정체기와 후퇴기가 있었지만 한두 달 진통을 겪고 나면 제자리를 찾았다. 영어 단일 과목으로는 지역에서 학생 수가 가장 많았다. 250~300명을 유지했다.

**대학생 창업자금 모으기**

**1학년**
- **구청 지적과**
  - 전화접수
  - 서류발급
- **수제 햄버거**
  - 서빙
  - 제조
- **분식**
  - 서빙

**2학년**
- **커피숍**
  - 서빙
  - 제조
- **선물의 집**
  - 판매
  - 감시
  - 선물포장
- **치킨&호프**
  - 서빙
  - 무 썰기
- **닭갈비**
  - 서빙
- **제과점**
  - 포장
  - 판매

**3학년**
- **부동산**
  - 서류전달
- **중소기업박람회**
  - 안내
  - 판매
- **자동차 대리점**
  - 서류정리
  - 전화접수
- **볼링장**
  - 계산대
- **골뱅이요리전문점**
  - 제조
  - 서빙

**4학년**
- **신문사**
  - 교열부 보조
  - 사진/문서 정리
- **과수원**
  - 귤 수확
- **눈높이 사무실**
  - 교재분류
  - 일일 교사
- **과외**
  - 중고생 영어지도
- **무역회사**
  - 송장/서류정리
- **생수 대리점**
  - 전화 주문 접수

# 망할 줄 몰랐다, 꿈에도 몰랐다

"넌, 깡다구 지수가 대한민국 상위 1%야."

졸업을 앞두고 지도 교수님께서 말씀하셨다. 교수님은 내 기질
이 박경리 대하소설 《토지》의 '서희'를 닮았다고 했다. 망한 집안 일
으켜 세우려고 억척스럽게 세상을 헤쳐 나가는 모습이 닮긴 닮았다.

이런 내가, 버텨내지 못했다. 2009년 여름부터 2010년 여름 사
이, 딱 1년간 큰 사건이 세 개 있었다. 각각의 사건도 허리케인급이
었다. 연달아 찾아왔다. 내 책을 읽은 독자라면 아는 내용일 수도 있
고, 에둘러 썼던 부분을 더 솔직하게 드러냈으니 새롭게 느낄 수도
있다.

## 교육비 연체 조울증 학부모, 학원 흉기 난동

2009년 여름, 교육비를 7개월 연체한 학부모가 칼을 들고 학원에 왔다. 죽여 버리겠다고 했다. 미납으로 수업을 지속하기 어렵다는 말에 그런 것이다. 스무 살 가까이 어린 내가 밀린 교육비를 달라고 해서 기분 나쁘다고 했다.

남편까지 술 마시고 찾아와 난동을 부렸다. 이 일이 있기 전부터 전화와 문자로 온갖 협박을 했다. 교육청, 다산콜센터, 소비자고발센터에 나를 고발했다. 아들이 아무 잘못 없이 학원에서 쫓겨났다는 게 이유였다.

7개월 교육비 내지 않았다는 사실은 감췄다. 성실하고 착한 아들이 부당한 일을 당했다고 했다. 학생을 끌어들이고 싶지 않지만, 성실하지 않았다. 학원에 오면 교사의 말을 거부하고 엎드려 잤다. 어떤 말도 듣지 않았다. 학부모는 교육비 연체로, 학생은 선생님과 다른 학생에게 피해를 줬다. 세 곳 담당자는 전화로 사실을 확인했다. 모두 의미심장한 말을 남겼다.

"어머니가 비정상적으로 흥분상태였어요. 원만히 해결해 보세요."

주의 깊게 들었어야 했다. 그렇다면 이 사건, 피할 수 있었을까.

경찰서에 바로 고소하면 문제가 커질까 봐 두려웠다. 나쁜 소문으로 학원 문 닫는 건 시간 문제라 생각했다. 가족과 같은 학원이었다. 10년간 어떻게 이루었는데….

알리는 게 싫어 혼자만 앓다가, 이러다 죽겠다 싶어 지인 변호사에게 도움을 청했다. 그 여자와 남편은 갑자기 순한 양이 되었다. '와이프 말만 믿고 오해했다. 그래서 난동을 부렸다. 아내가 중증 조울증과 분노조절장애로 치료받았다. 약을 끊었더니 이런 일이 생겼다. 다시 약을 먹게 하겠다. 그러니 선처해 달라.' 정신과 치료 이력은 사실이었다.

변호사는 피해 보상을 요구하라고 했지만, 그들을 만나는 게 끔찍했다. 아무것도 요구하지 않았다. 급히 종결시켰다. 기분 나쁘다고 칼을 들이대는 사람이 내 눈앞에 있었다. 《잘되는 학원 다 이유가 있다》에 교육비 미납에 관한 얘기를 43페이지에 걸쳐서 썼다. 이 사건 때문에 한이 맺혔다. 드문 일이겠지만, 다른 분들은 눈곱만큼이라도 비슷한 일, 겪지 않기를 바란다.

## 기자가 습격하다

곧이어 신종플루 사건이 터졌다. 신종플루 사망자가 늘어서 공포심이 최고조에 달했다. 코로나 초창기처럼, 학원에 확진자가 생겼다 하면 전 국민의 관심이 쏠릴 시기였다. 뉴스와 신문은 신종플루

감염자가 나온 학원 소식과 텅 빈 교실을 보도했다. 그중 한 곳이 우리 학원이었다. 휴원을 결정하고 하루도 지나지 않아 방송국 기자와 카메라맨이 우르르 몰려왔다.

'누가 그렇게 재빨리 방송국에 제보했을까…?'

'누가 날 그렇게 미워해서….'

전혀 예상하지 못했다. 기자들은 학원 홈페이지를 뒤져 학원과 내 신상정보를 캤다. 부재중 전화가 수십 통씩 왔다. 인터뷰에 응할 때까지 학원 밖에서 진을 치고 있었다. 일주일간 각 방송국 기자들이 찾아와서 학원을 촬영했다. 상가 사람들에게 나에 관해 물었다. 우리 학원 가방을 맨 학생에게도 접근했다. 내가 나타나면 카메라를 들이댔다. 기자들에겐 좋은 기삿거리였겠지만, 지울 수 없는 상처로 남았다. 생명과도 같은 학원이, 그렇게 낙인찍힐 줄 몰랐다.

사람을 좋아했다. 두 사건으로 대인기피증이 생겼다. 홈페이지, 블로그, 카페를 활발히 운영했었는데 전부 닫았다. 추억이 담긴 사진이 곳곳에 있었다. 좋지 않은 일로 선생님과 학생 사진이 노출되었다. 원장이 돼서 내 사람들을 지키지 못했다. 그 후로 수년간 온라인에 학원을 드러내지 않았다.

두 가지 사건을 겪으면서 6개월간 잠을 못 잤다. 현기증이 심해져서, 병원에서 종합 검사를 받았다. 암이 의심된다는 말을 들었다. 몇 달에 걸쳐 병원을 전전하며 검사를 반복했다.

내일 웃어도 되는지…, 잠을 잘 수 있을지…, 밥맛이 있을지…, 여행 가도 좋은지…, 행복해도 되는지…. 내가 선택할 수 없었다.

### 암이었다, 또 암이었다

암이었다. 전이됐다고 했다. 얼마 후, 다른 암이 발견되었다. 진단받기 전에는 공포에 떨었는데, 막상 그 후에는 담담했다. 앞선 두 사건으로 학원은 금이 가기 시작했다. 암 수술과 치료로 출근 못하는 날이 많아지자 학생 수가 40명 아래로 내려갔다.

2010년 8월에 첫 번째 수술 날짜가 잡혔다. 수술실에 어서 들어가고 싶었다. 세상에서 가장 안전한 곳이었다. 칼 들고 찾아오는 사람도, 카메라를 들이대는 사람도, 여기저기서 수군대는 소리도 들리지 않는 안전지대였다. 학원을 지키고 있는 선생님과 학생이 눈에 밟혔지만, 수술실에 웃으며 들어갔다.

이제 다 끝났다. 1년 만에 푹 잤다.

무너지는 학원을 끝까지 지켰다. 네 가지 이유가 있었다.

첫째, 학원은 내게 가족이었고 자식이었다.

학원 키우는 CEO. 카톡 프로필이다. 사업은 아이 키우는 것과 같았다. 학원은 학생이 찾아오니 더 그랬다. 내가 힘들다고…, 학원이 망해간다고…, 손 놓을 수 없었다. 한 달에 2천만 원 벌어 줄 때도 내 학원, 적자를 안겨 줄 때도 내 학원이었다.

둘째, 내 꿈을 남이 망치게 둘 수 없었다.

영어학원 경영은 중1 때부터 꿈이었다. 창업의 동기가 뿌리 깊었다. 오랜 꿈과 목표를 타인 때문에 그만둘 이유는 없었다. 그러기 싫었다. 10년간 모든 걸 바쳐 키웠다. 내가 세웠으니, 문 닫는 것도 내가 선택하고 싶었다.

셋째, 선생님에 대한 책임을 다하고 싶었다.

위기 상황 관리를 못 했다. 선생님들이 한순간에 직장을 잃었다. 중고등부 강사들 먼저 떠났고, 초등부 강사 두 사람만 남았다. 그들에게라도 직장을 지켜주고 싶었다. 이 일이 있기 전까지, 학원을 쉽게 떠나는 강사를 원망했었다. 학원 사정 때문에 직장을 잃은 강사들을 보았다. 생계를 보장받고 싶어서, 조금이라도 안정적인 곳을 찾아 떠났던 그들이 생각났다.


  넷째, 학생들과의 추억을 지켜야 했다.

  엄마가 한자를 무섭게 가르쳤듯 나도 스파르타식으로 교육했다. 전기요금 내러 오는 건 내가 더 싫었다. 우리 학원 교육이 학생에게 힘이 되기를 바랐다. 이런 마음이 전해졌는지 학생은 그만두고 나서도 자주 찾아왔다. 학원이 사라지면 우리의 추억이 없어진다. 무섭기만 했으면 나를 싫어했을 텐데, 공부 시간 외에는 밥도 잘 사주고 잘 놀아줬다. 막내 이모 같았다. 학생과의 추억이 나를 버티게 했고, 학원을 살렸다.

# 멈추고, 배우고, 비상하다

2009년 하반기부터 5~6년간은 암흑기, 후퇴기, 정체기였다. 집중 치료 시기에는 집과 병원에서 수업을 모니터링하며 '방구석 학원 경영'을 했다. 병원에서 학부모와 아는 사람을 마주칠까 봐, 주로 1인실에 있었다.

학부모와 나이 차이가 컸다. 카리스마 있어 보이려고 매니큐어를 새빨갛게 칠했다. 수술과 치료로 매니큐어를 모두 지웠다. 오랜만에 맨손을 오래도록 봤다. 나를 빛내주던 외부 조건이 완벽히 사라졌다. 창문과 거울에 비친 모습이 현실이었다. 20대에 연봉 2억 원장이 아니었다. 젊은 나이에 암 두 개 가지고, 머리카락 한 움큼씩 빠지고, 환자복 입은 김위아 였다. 가족, 일, 건강. 인생에서 중요한 것 세 가지가 전혀 없었다.

공부. 건강도 잃고 학원도 기울자 가장 절실하게 하고 싶었다. 초등학교 때 부모님이 주신 교육의 힘으로 중고등 학교 시절을 견뎠다. 버틸 힘은 교육에서 나온다고 믿었다. 3년 뒤에 대학원에 진학했다.

신종플루와 병원 생활은 두 가지 질문을 남겼다.

오프라인 수업이 불가능할 때 어떻게 공부시킬 것인가?
출근하지 못할 때 어떻게 경영할 것인가?

정체기 내내 해답을 찾아 다녔다. 크게 네 가지 일을 했다.
첫째, 전화 영어, 화상 영어, 스카이프, EBS 프로그램 등 온라인 콘텐츠를 이 잡듯이 연구했다.
둘째, 온라인 프로그램을 직접 개발할 수 있는 역량을 키웠다.
셋째, 선생님은 수업과 학생 관리에 집중할 수 있도록 다른 업무는 분업화했다.
넷째, 시스템을 표준화했고, 모든 지시 사항을 매뉴얼화했다.

머릿속에 있는 디테일한 지식까지 문서화했다. 채점할 때 동그라미 모양, 청소 횟수, 수납 절차, 각종 문자 발송 방법과 내용, 시험지 만들 때 글자 크기와 색깔, 성적표 양식과 내용을 정리했다. 활발한 학생으로 인해 얌전한 학생이 주눅 들지 않도록 발표와 질문 횟수를 정했다. 누가 해도 똑같이 하도록 매뉴얼화했다.

출근을 규칙적으로 하지 못할 때는, 그 상황에서 할 수 있는 일을 했다. 영작 과제와 오답노트를 집에 가져와서 첨삭했다. 공부 외에도 학생 챙기는 것에 소홀하지 않았다. 여학생 초경 선물로 편지, 파우치, 먹거리 3종 세트를 보내주는데, 변함없이 챙겼다. 자리에 없어도 계속 관심이 있다는 걸 보여줬다. 빈틈없이 학습 관리가 되고 학생들 실력이 오르자, 80명대가 되었다. 외부 등록은 적었지만, 재원생 만족도가 높아서 형제 회원이 등록했다.

건강도 회복했고 상승세를 탔지만 1호점을 크게 키우고 싶지 않았다. 지난 사건 때문에 마음이 닫혔다. 부모가 자식을 사랑하지만, 거리를 두고 싶어 하는 것처럼 나도 그랬다. 1호점 근처에 2호점, 3호점을 내려던 계획을 접었다. 서울과 가까운 경기도에 분점을 내기로 했다.

## 재도약의 기운

정체기에 두 가지 교훈을 얻었다.

첫째, 하나의 문이 닫히면 다른 문이 열린다.

둘째, 꿈과 목표를 공표하면 도와줄 사람이 나타난다.

지인 원장님과 대학원 동기 덕분에 다시 꿈을 이룰 수 있었다. 초창기부터 지점을 오픈하고 싶다는 계획을 자주 말했다. 쉬고 싶어 하는 원장님들이 학원을 맡아 달라는 제의를 했다. 원장 수업 없이 안정적으로 운영할 수 있는 곳을 인수했다.

학교 동기와 선후배 중에 영어학원 관계자가 많았다. 논문 주제 발표일이었다. 교수님과 동기, 선후배가 참석했다. 질문을 받았고, 이렇게 답했다.

"초·중·고 학원을 운영하는데 왜 유아 영어가 주제인가요?"

"학생이 지금 안고 있는 영어 문제는 과거에 생긴 것입니다. 첫 단추를 잘 끼워야 하듯, 첫 영어가 중요합니다. 우리 학생이 영유아 시절에 어떻게 영어를 만났는지 궁금했습니다. 현재 상황을 이해하고, 바른 방향으로 지도하고 싶어서 유아 영어를 선택했습니다."

몇 달 뒤에 질문했던 분이 연락했다. 이민 가게 돼서 학원 인수할 사람을 찾는데 내가 생각났다고 했다. 학생 위하는 진심이 느껴

지니 꼭 맡아달라고 했다. 대학원과 프랜차이즈 원장님들과의 인연으로 학원을 인수했다. 현재 네 곳을 탄탄하게 운영하고 있다. 1·3호점은 창업했고, 2·4호점은 인수했다.

사업장이 한 곳일 때도 인재 경영이 중요하다. 분점을 운영할 때는 더욱 그렇다. 최소 5년 이상 지켜봤던 인재를 분점 원장으로 채용했다. 1·2호점은 1호점에서 근무했었던 선생님들, 3호점은 학원 졸업생, 4호점은 대학 후배다. 성실과 책임감이 검증된 사람들이다. 학생 손을 쉽게 놓지 않을 사람이라는 확신이 있었다.

10년간 번 돈으로 정체기 5~6년을 버티면서 배우고 싶은 걸 배웠다. 병원 치료와 민간 치료를 받으며 내 몸을 아껴주었다. 경영자, 영어 교육자, 영어 콘텐츠 개발자로서 역량을 키웠다. 학원 경영 매뉴얼을 구상해서 분산 경영의 토대를 마련했다. 그때는 멈춤의 시간이었지만, 지나고 보니 도약을 위한 시간이었다.

## 23년 차, 내 목표는 삼성 같은 학원 만들기

"나이 더 먹기 전에 기업체 면접 봐."

"학원은 언제 문 닫을지 모르잖아."

"임용고시나 공무원 시험 준비하는 게 낫지 않아?"

오래도록 함께하고 싶었던 분들이 안정적인 직장을 찾아 떠났다. 우리 학원 근무 환경은 강사도 인정할 정도로 좋지만, 학원 사업의 불안정 때문에 이직했다. 부모님의 압박으로 옮긴 강사도 적지 않다. 내게는 어떤 직업과도 바꾸지 않을 천직인데, 누군가에는 스쳐지나가는 곳이었다, 학원은 그래도 되는 곳으로 인식되는 게 씁쓸했다.

떠나는 사람들이 경영 목표를 심어줬다. '삼성 같은 학원 만들기!' 1년 차 때 내 꿈은 강남역에 있는 파고다 어학원 같은 곳을 세우는 거였다. 20년이 되면 이룰 줄 알았다. 23년 차다. 나는 동네에서만 알아주는 영어학원 원장이다. 갈 길이 멀어도 한참 멀다. 목표를 이루는 시기는 늦어질 수 있다. 포기하지는 않는다. 각 지점 원장과 강사에게 대기업 못지않은 환경과 급여를 보장해 주고, 학원인으로서 최고의 보람을 느끼도록 할 것이다. 대기업을 연구하고, 끊임없이 배우는 이유다.

제2장

# 창업 전 준비

# 들어가며 : 학원의 존재 이유, 맹자가 답하다

"학원엔 안 보내. 신랑이랑 내가 힘들게 번 돈이야. 보나 마나 학원 관리비 내러 다닐 텐데."

친구는 학원 극렬 반대파다. 중학교 입학하기 전까지는 직접 가르치겠다고 했다. 아들이 5학년이 되자, 학원부터 찾았다. 하라는 공부는 안 하고 눈앞에 왔다 갔다 하며 말대답 따박따박하니 속 뒤집혔다. 어쩌다 보내는 카톡은 한결같았다.

"엄마, 간식 사 먹게 돈 보내줘."

남의 자식은 몰라도, 내 아들은 안 그럴 줄 알았다고 했다. 마음 고생할 대로 하고, 결국 학원 문을 두드렸다. 21세기 상황이지만 동

서고금, 부모 자녀 관계는 비슷한가 보다. 군자도 자식을 못 가르쳤
다니. 전국시대에 살았던 맹자도 이렇게 답했다.

군자가 자식을 가르치는 방법

제자인 공손추가 물었다.

"군자가 자식을 직접 가르치지 않는 것은 무엇 때문입니까?"

맹자가 대답했다.

"현실적인 상황이 그렇게 할 수 없기 때문이다. 가르치는 사람은
반드시 올바른 도리로써 가르치려고 하는데, 올바른 도리로써 가르쳤
는데 자식이 그 가르침을 행하지 않으면 이어서 성을 내게 되고 이어
서 성을 내게 되면 도리어 자식의 마음을 해치게 된다. 그러면 자식은
'가르치는 분은 나를 올바른 도리로 가르치려고 하지만, 정작 가르치
는 분의 행동은 올바른 도리에서 나온 것이 아니다'고 생각하게 되고,
그렇게 되면 부모와 자식이 서로의 마음을 상하게 한다. 부모와 자식
이 서로의 마음을 상하게 하는 것은 좋지 않다. 그러므로 옛날에는 서
로 자식을 바꾸어서 가르쳤다. 부자간에는 선(善)을 행하라고 질책해
서는 안된다. 부자간에 선을 행하라고 질책하게 되면 사이가 멀어지
게 되는데, 부자간의 사이가 멀어지는 것보다 더 나쁜 일은 없다."

슬기바다02《맹자》. 홍익출판사. pp.217-218.

"아이와 사회적 거리를 두고 싶어요."

'사회적 거리 두기'는 코로나 전용 단어가 아니었다. 중1 여학생 어머니와 신규 상담을 했다.

"지금까지 제가 가르쳤어요. 학습지, 학원 전혀 안 했습니다. 6학년 초부터 슬슬 사춘기가 오더니 이젠 절정이에요. 딸이랑 사이좋아서 가볍게 지나갈 줄 알았어요. 요즘은 말만 하면 싸웁니다. 일부러 말 안 해요. 규칙적으로 어딜 다녔으면 좋겠어요."

까마득한 옛날부터 교육기관이나 부모 외 교육자가 필요했다. 21세기에도 미래에도 이 사실은 변하지 않는다. 부모가 직접 가르치고 싶지만, 상급 학교로 갈수록 난도가 급격히 높아진다. 장기 커리큘럼을 짜기 어렵다. 입시 정보에 어둡다. 아이와 마찰을 줄이고, 규칙적인 공부 습관을 심어주고 싶다. 남들 다 보내는데 우리만 안 보내면 불안하다. 학원을 찾는 이유는 다르지만, 제2의 교육자는 필요하다. 우리 지역 학부모가 학원을 찾는 이유를 분석해서 경영과 수업 매뉴얼에 반영한다. 학부모 고민을 들으면서 우리 학원에서 해줄 수 있는 게 무엇인지 연구한다.

# 창업 첫걸음, 공교육 영어의 이해

"파닉스 꼭 해야 할까요?"

"4학년까진 쉽다고 했어요. 5학년 되니까 학교 영어가 어렵대요."

"중1은 자유학년제라 시험도 없고 불안해요."

"중학교 2학년에 관계대명사 나오니까, 영어 포기하려 해요."

"내신 대비도 해야지, 수능도 준비해야지… 두 개가 뭐가 다른지, 뭐부터 해야 할지 모르겠어요."

학원 고객은 학부모와 학생이다. 무엇을 어려워하고, 왜 학원을 찾는지, 공교육 영어 목표와 과정은 어떤지 알아야 한다. 첫 상담 시, 학교 수업을 어느 정도 따라가는지 꼭 질문한다.

지인 원장이 고등부만 5년 운영했다. 수능 끝나면 학생이 빠졌다. 대책 마련이 필요했다. 초중등은 자기와 맞지 않다고 절대 하지 않을 거라고 했다. 수입이 줄어드는 현실 앞에선 절대 하지 못할 것은 없나 보다.

"고등부만 수업해서 초중등 영어는 감이 없어요. 교재는 어떤 걸로 하세요?"

감이 없다고? 기본 지식도 없었다. 학생의 현재 실력은 초등학교 때 또는 그 이전부터 쌓여 왔다. 고등부만 가르치더라도, 초중 과정에 대한 이해가 바탕이 돼야 한다. 특정 학년만 가르쳐도 공교육 10년 영어 목표와 커리큘럼은 훤히 꿰뚫고 있어야 한다. 그래야 상담도 자신 있게 할 수 있다.

공교육 영어 목표는 낮지 않다. 목표에 도달하려면 학교 수업만으로 부족하다. 가정 학습이 필수다. 학생 스스로 하거나 부모가 맡아야 한다. 실상은 어떤가? 스스로 공부하는 아이? 100명에 1~2명 있을까 말까였다. 내용을 소화하지 못해도 진도는 나가고 학년은 올라간다. 3학년 영어를 이해 못해도 4학년이 되면 4학년 영어를 배운다. 초등학교 영어는 쉽다고 하지만, 새로운 단어 하나를 자기 것으로 만드는 데만 수십 차례의 복습이 필요하다.

공교육 영어 목표가 축소되거나,

학교 영어 수업 시간이 늘거나,

입시 제도가 바뀌거나,

잔소리하지 않아도 학생이 스스로 공부하거나,

자녀 공부에 올인하는 학부모가 늘어나지 않는 한,

학원의 필요성은 줄어들지 않는다.

창업 준비부터 경영 내내, 공교육 영어 연구는 필수다. 다 아는 거라며 안심하지 않았다. 학원 커리큘럼 짤 때마다 확인한다. 면접 때, 공교육 영어 10년 과정에 관해 질문한다. 영어 선생을 하겠다고 찾아왔으니 척척 답할 줄 알았다. 기대는 어긋나라고 있었다. 전 과정을 상세히 설명하는 강사는 많지 않았다. 중등부만 맡아도, 초등 과정에서 어떤 걸 배웠는지를 알아야 현재 상태를 이해하고 정확한 학습 처방을 내린다. 또, 고등학교 진학 시 무엇을 배울지 알아야 바른 방향으로 안내한다. 신입 강사를 채용하면, 초·중·고 학교 영어 커리큘럼부터 교육한다.

공교육 영어 기본 정보를 영역별로 정리했다. 특히 눈여겨보아야 할 점은 수업 시수와 시간이다. 언어는 반복이 생명인데, 턱없이 부족하다.

■ 목표

초·중·고 공통 목표는 크게 세 가지다. 영어 자신감 기르기, 의사소통 능력 키우기, 문화 이해하기. 상급 학년과 학교로 올라갈수록 영어 사용 능력과 문화 이해의 범위가 확장된다. 겉으로 드러나지는 않지만, 학교 시험과 입시 영어에서 원하는 점수를 얻는 것도 중요한 목표일 것이다.

■ 1회 수업 시간과 주당 시수

초 : 40분/ 3~4학년 2시간

　　 40분/ 5~6학년 3시간

중 : 45분/ 전 학년 3~4시간

고 : 50분/ 전 학년 3~5시간

■ 교육부 지정 초중고 필수 단어 개수

초등 800개, 중·고등 2,200개.

3,000개 단어 시험지를 만들어 수업과 과제에 365일 활용한다. 한→영, 영→한 시험지 읽기, 쓰기, 암기가 필수 과제다. 레벨이 학년과 같으면 학년 단어만, 학년보다 높거나 낮으면 레벨에 맞는 단어를 같이 공부한다.

■ 평가 방법

공통 : 4대 영역 수행 평가

초 : 듣기, 말하기, 읽기, 쓰기 과정 평가

중 : 1학년은 자유학년제로 지필 평가 없음

　　　2~3학년은 지필 평가 학기당 1~2회 실시

고 : 지필 평가 학기당 2회 실시, 모의고사(내신에는 반영하지 않음)


■ 초중고 학년별 학습 목표

| 학년 | 초등학교 (공교육 학습 목표) | 학년 | 중학교 | 고등학교 |
|---|---|---|---|---|
| 3 | 알파벳<br>파닉스<br>기초 어휘 | 1 | 초등 5~6학년 과정 복습<br>기초 문법 다지기<br>직독 직해 훈련<br>수행 평가 대비 | 내신 적응+내신 집중<br>수능 체험(2학기/겨울방학)<br>- 11월 수능 시험지 테스트 |
| 4 | 사이트 워드(Sight Word)<br>기본 문장 읽기 | 2 | 첫 지필 고사<br>내신 대비 + 문법 집중<br>문제 유형 연습 | 내신+수능 병행<br>내신 집중+수능 유형 분석<br>* 약한 유형 파악 |
| 5 | 문장 쓰기<br>문단 읽기 | 3 | 문법 총정리<br>고등 대비<br>- 단어+문법+구문<br>- 고1 모의고사 테스트 | 내신+수능 굳히기<br>평가원 모의고사<br>수능 기출 문제<br>오답 문제 복습 |
| 6 | 4대 영역 균형 잡기<br>기초 문법 | | | |

※ 5~6학년과 중1 과정은 이어져 있다. 문법 용어가 초등 교과서에 드러나진 않지만, 문장 구조와 규칙을 설명하려면 기초 문법이 필요하다. 우리 학원은 5학년에 문법을 슬슬 시작해서, 6학년 2학기부터 본격적으로 학습한다.

# 공부방, 교습소, 학원, 어학원 비교

이런 것도 모르고 창업을…?

내 책의 주요 독자층은 학원으로 확장 준비를 하는 공부방, 교습소 원장과 강사다. 학원 형태에 대해 기본 지식은 있어야 하는데, 그렇지 않은 분이 의외로 많았다. 공부방과 교습소, 교습소와 학원, 학원과 어학원의 차이점이 무엇인지 구분하지 못했다.

과목, 규모, 장소에 따라 다음 네 가지 형태로 나뉜다. 세부 사항은 지역마다 다를 수 있지만, 큰 특징과 설립 자격은 다음과 같다.

## ■ 공부방

원장 혼자 여러 과목을 가르칠 수 있다. '개인과외교습자'로 신고한다. '공부방'은 정식 명칭이 아니다. 실제 살고 있는 주민등록상 거주지에서만 교습해야 한다. 1인 경영이 원칙이지만 함께 거주하는 부부 또는 형제자매는 공동으로 가르칠 수 있다. 주민등록상 거주지도 같아야 한다. 2인이 교습할 때는 각각 따로 신고해야 한다. 1명만 신고한 상태에서 2명이 가르치면 안 된다.

### ■ 교습소

원장 혼자 한 과목만 가르칠 수 있다. 강사를 둘 수 없지만, 보조 요원은 한 명 채용할 수 있다. 교습을 제외한 사무 업무(전화, 청소, 상담 등)만 가능했으나, 원장과 같은 교실에서 교습은 가능한 것으로 바뀌었다. 즉, 다른 교실에서 단독 교습은 불가하다. 원장과 같은 교실에서 원장의 지시로 교습을 보조하는 것은 가능하다. 보조 요원 채용 가능 여부와 업무 범위는 지역마다 다르니 관할 교육청에 확인해야 한다.

### ■ 보습학원

여러 개의 교과목을 개설할 수 있고 강사를 채용할 수 있다. 강사는 2년제 대학 졸업 이상이거나 4년제 대학생일 경우, 2년 과정 이상 수료해야 교육청에 강사로 등록할 수 있다. 원어민 교사는 채용할 수 없다.

■ 어학원

유치원생부터 성인 대상으로 외국어 과목만 개설할 수 있다. 원어민 교사를 채용할 수 있다. 어학원으로 허가받고, 외국어 외 다른 교과목을 교습할 수는 없다. 수학, 과학, 국어 등의 교과목을 추가 개설하려면, 보습학원 허가 기준에 맞는 공간이 별도로 필요하다.

## 설립 자격

공부방, 교습소, 보습학원, 어학원 모두 설립자의 자격 조건은 강사와 같다. 2년제 대학 졸업 또는 4년제 대학 2년 과정을 수료해야 한다. 다만 보습학원과 어학원의 경우, 강사를 채용할 수 있어서 설립자가 강의하지 않으면 학력 제한은 없다. 원장(설립자)이 수업하면, 강사 등록은 의무이다.

모든 학원 관계자(원장, 강사, 사무직원, 단기 아르바이트생, 청소 요원 등)는 성범죄 경력 조회 및 아동 학대 관련 범죄 조회에서 결격 사유가 없어야 한다.

■ 학원 형태 비교

| | 공부방 | 교습소 | 보습 학원 | 어학원<br>(외국어 학원) |
|---|---|---|---|---|
| 설립 장소 | 자택(실거주지)<br>아파트, 빌라, 주택<br>*오피스텔 불가 | 상가 | 상가 | 상가 |
| 허가 | 신고제<br>(교육청 실사 없음) | 허가제 | 허가제 | 허가제 |
| 허가 평수<br>(실평수) | 제한 없음 | 15~25평<br>10평 이하도 가능 | 지역마다 다름<br>서울 : 교실 면적 22평<br>경기 : 교실 면적 17평 전후 | 교실 면적<br>서울 : 46평 이상<br>경기 : 27평 이상 |
| 최대 동시<br>수용인원 | 9명 | 9명(평당 1인)<br>평수에 맞는 인원수<br>교육청에서 정해 줌 | 거의 제한 없음 | 거의 제한 없음 |
| 과목 | 여러 과목 | 단일 과목 | 여러 과목 | 외국어만 |
| 강사/직원<br>채용 | 불가<br>원장 1인 경영+수업<br>가족 가능 | 보조 요원 1명 가능 | 강사 채용 가능<br>외국인 강사 채용 불가능 | 외국인 강사 채용 |
| 창업비용<br>(보증금 포함) | 5백만 원 이하 | 3천만 원 | 5천만 원 | 1억 이상 |
| 보증금<br>임대료 | 자택일 경우 없음 | 1천만 원/70만 원<br>(15평) | 2천만 원/100~150만 원<br>(30평대) | 4천만 원/ 250만 원<br>(60평대) |
| 위법 사례 | 실거주지 외<br>공간에서 운영<br>강사 채용 | 강사 채용<br>여러 과목 강의 | 강사 미등록<br>외국인 강사 채용 | 외국어 외 교습 불가 |

※ 창업 비용, 상가 보증금, 임대료는 나와 지인 원장들의 사례를 참고했다.

※ 아파트 상가 관리비는 평당 1만 원 정도이다.

　　30평대에서 봄·가을에는 20~25만 원, 여름·겨울에는 30~35만 원 나왔다.

　　부동산은 관리비를 낮추어 말하는 경우가 많으니, 영수증을 확인해 보는 게 좋다.

※ 인테리어는 평당 100만 원으로 계산했다.

　　의외의 복병은 냉난방기다. 현장 상황에 따라 에어컨 비보다 설치비가 더 들어간다.

# 학원 창업 절차

학원은 미성년자를 가르치는 교육 서비스업이다. 허가 조건이 까다롭다. 같은 건물에 술집, 노래방, 당구장 등 유흥시설이 있는지, 화장실은 남녀 분리되어 있는지, 소방시설이 갖추어져 있는지 등을 확인해야 한다. 전 세계를 통틀어 똑같은 학원 현장은 단 한 곳도 없다. 서류상으로는 같은 조건이어도 누구는 허가받고, 누구는 못 받는다. 각 현장만의 특징이 있고, 지역마다 세부 지침이 다르다. 대략의 과정은 참고로 하되, 창업 지역의 학원 설립 규정을 준비부터 끝날 때까지 절차마다 확인하고 또 확인해야 한다. 지인 중에도 인테리어까지 마쳤는데, 교육청 허가를 못 받는 사례가 세 건 있었다. 나는 인테리어까지는 하지 않았지만, 상가 계약은 취소했다.

### ■ 관심 지역 시장 조사

창업 예정지를 고를 때, 세 가지 조건을 기본으로 본다.

● 아파트 2천 세대 이상

● 도보 10분 거리 초·중·고등학교

● 학원가 형성 여부

매일 아침, 점심, 저녁에 틈만 나면 주변 구석구석을 돌아봤다. 유동 인구가 얼마나 되는지, 마트·시장·학원가가 활성화되어 있는지 등을 여러 차례 확인했다.


### ■ 상가 계약

공인중개사는 학원 설립 규정을 상세히 모른다. 공인중개사 말만 믿고 계약하면 곤란하다. 기존 학원 자리였다면, 한 번 허가받았던 곳이니 그나마 괜찮다. 그 외 업종이라면 교육청 허가 조건을 꼼꼼히 챙겨보고 계약해야 한다. 상가를 알아볼 때 먼저 확인해야 할 일은 건축물<sup>(상가)</sup> 용도다. 용도가 다를 경우 변경해 줄 수 있는지를 확인한 다음에 계약해야 한다. 계약하고 용도 변경해 달라고 하지 말고, 용도 변경을 마치고 계약하는 것이 좋다. 나는 계약을 마치고, 주인에게 변경 요청을 했는데 늦게 변경해줘서 마음고생했다. 계약 전에는 다 해줄 것처럼 말하더니, 그 후엔 잡은 물고기 취급하며 차일피일 미뤘다. 용도 변경은 서류 작성으로 간단히 되기도 하며, 비용이 들기도 한다. 상가 조건에 따라 다르다. 계약할 때, '교육청 허가를 받지 못하면 계약을 무효로 하겠다'라는 조건을 넣었다.

다음 표는 계약 전 확인을 하지 않아 불편을 겪었던 것들이다.

■ 계약 전 확인 사항

| 건물(상가) 용도 | '제2종 근린생활시설(용도：학원)' 또는 '교육연구시설' 인가? |
|---|---|
| 화장실 | 남녀용으로 분리되어 있는가? |
| 건물 내 유해 시설 | 건물 내에 청소년 유해 시설이 없는가?<br>유해 시설이 있으면 허가받지 못한다. 대형 상가인 경우, 계약 상가와 수평, 수직 거리가 일정 이상 떨어져 있으면 인가 가능하다. |
| 소방 시설 | 스프링클러, 비상유도등, 완강기, 소화기<br>(규모가 클수록 소방 관련 법규가 더 까다롭다.) |
| 원상 복구 범위 | 들어왔을 때의 상태인가? 빈 상가(철거) 상태인가? |
| 에어컨과 간판 설치 | 에어컨, 간판 설치 장소가 마련되어 있는가?<br>설치 시 발생할 수 있는 건물 외벽 흠집, 구멍 등 상가 주인이 동의하는가? |
| 전기용량 | 계약 전력은 충분한가?<br>여름과 겨울에는 냉난방기 사용으로 전력량이 급증한다. |
| 세금계산서 발행 | 건물주가 간이과세자인가? 일반과세자인가?<br>일반과세자라면, 세입자가 부가가치세 10%를 내고 세금계산서를 발급받는다. |

■ 교육청 상담과 신청 서류 접수

교육청 상담은 지역 선정이 끝난 직후부터 절차마다 필요하다. 학원 허가 평수를 알아야 상가를 계약하고, 분당 교육비를 알아야 커리큘럼을 짠다. 정식으로 서류를 접수하기 전에 상가 조건이 적합한지 교육청에 반드시 문의하자. 이상 없으면, 상가를 계약하고 교육청에 설립 인가 서류를 접수한다.

● 학원 설립 인가 준비 서류

학원 설립 운영 신고서, 최종 학력 증명서(원본), 학원 위치도, 시설 평면도, 건축물대장, 임대차계약서(원본), 성범죄 경력 조회 및 아동학대 관련 범죄 조회 동의서(교육청 비치), 신분증 원본, 증명사진(3×4) 2매

● 서류 접수 후 진행 절차

서류 검토 및 결격 사유 조회 → 학원 현장 조사 → 소방·전기 안전 점검 → 결재 → 등록면허세 납부(설립자가 구청에 납부) → 학원설립·운영 등록증 교부

※ 현장 조사에서 가장 중요하게 보는 것은 교실 면적이다. 1평이라도 부족하면 보습 학원 허가를 받지 못한다. 서울은 교실 면적만 22평이다. 지인 원장이 인테리어까지 했는데 교실 면

적이 21평이 나와서 교습소로 허가받았다.

### ● 소방 점검

스프링클러, 완강기, 비상 유도등, 소화기, 화재 감지기 등의 설치 여부를 확인한다. 이상이 없으면 소방시설 완비증명서, 방염 필증을 발급받는다.

### ■ 사업자등록증 신청

학원 등록증을 받은 후 세무서에 사업자등록증을 신청한다. 임대차 계약서에 확정 일자도 받는다. 사업자등록증을 발급받아야 카드 단말기를 설치할 수 있다.

카드 단말기 설치 후 카드사 승인은 평일 기준 빠르면 이틀 뒤, 평균 사흘 소요된다. 각 카드사로부터 승인 문자를 받으면 교육비를 카드로 받을 수 있다. 창업 후 6개월 동안은 카드 수수료가 2.3%이고, 6개월 지나면 0.8%로 조정된다(연 매출 3억 이하일 경우).

### ■ 학원 보험료 납부

창업의 마지막 절차다. 가까운 은행에 학원 보험료를 취급하는지 문의한 후 방문한다.

※ 준비 서류 : 임대차계약서, 신분증, 학원설립·운영등록증

■ 방문·문의했던 관공서와 방문 이유

| 관공서명 | 방문 이유 | 비고 |
|---|---|---|
| 구청 | 건물 용도 변경, 등록면허세 | 건축물 용도: '제2종근린생활시설(학원)' 또는 '교육연구시설' |
| 한국전력공사 | 상가 전기 용량 확인 및 증설 | 계약 전 반드시 확인 |
| 교육청 | 지역 선정부터 절차마다 확인 | 첫 방문 시 건축물대장, 학원 평면도 지참 |
| 소방서 | 소방 점검 | 완강기, 유도등, 스프링클러, 소화기 비치 여부 확인(면적 200m² 이상 시에는 허가 조건 더 확인) |
| 경찰서 | 설립자 성범죄 조회서 발급 | 교육청에서 바로 경찰서에 조회 강사 성범죄 조회는 원장이 직접 방문 |
| 세무서 | 사업자등록증 신청, 확정 일자 | 학원설립 · 운영등록증, 신분증, 임대차계약서 지참 |
| 은 행 | 학원 보험료 납부 | 보험료는 학원 평수에 따라 결정 1년에 한 번 갱신 |

※ 교습소는 건축물 용도에 '제2종근린생활시설(교습소)'라고 표기되어야 한다.
※ 교습소는 보습 학원과 창업 절차가 거의 비슷하다.
　교육청 접수 서류와 소방 점검 절차가 더 간단하다(지역마다 다름).

제3장

영어학원 경영 매뉴얼

# 들어가며 : 영어학원 경영의 닻을 올리다

"쌤! 옛날에 어땠는지 알아요? 맨날 눈 똥그랗게 뜨고 우리만 쳐다봤어요."

"머리카락도 노랬어요. 미국 사람인 줄 알았어요."

"귀걸이를 한쪽 귀에 세 개나 하고, 버스 손잡이 귀걸이하고 다니셨어."

"치마도 엄청 짧았어."

"매니큐어도 새빨간 거 바르고, 마녀 같았어요."

짧고 강하게 한 마디 날린다.

"그땐! 그게 유행이었어!"

우리 학원 1호, 2호 학생 준현이와 윤정이를 1~2년에 한 번 만난다. 20년 전 내 모습을 증언하기 바쁘다. 청바지에 검정 목티를 즐겨 입어서 '네가 스티브 잡스냐?'라는 소리까지 들었는데…. 이런 모습도 있었나 보다. 화장을 안 해서 매니큐어엔 신경 좀 썼다. 별걸 다 기억하는 녀석들. 한 시간 전에 알려 준 단어는 까먹었으면서. 초등학교 2학년이었던 준현이와 윤정이는 30대에 접어들었다. 모든 학생이 귀하지만, 두 녀석은 아무래도 각별하다.

손이 부르트도록 전단지를 돌렸다. 반응이 없었다. 5천 장 돌리면 전화 네다섯 통 왔다. 전화 고장 났나 수화기를 들었다. 신호음, 멀쩡하게 들렸다. 전화선을 당겨봤다. 벨이 고장인가 싶어 내가 우리 학원으로 전화도 걸었다.

'에잇! 멀쩡하잖아! 고장이나 나버려!'

물건이 멀쩡해서 화난 건 처음이었다. 어쩌다 오는 전화는 염탐 전화나 광고 전화였다. 똑똑! 기다리고 기다리던 노크 소리가 들렸다. 반가운 마음 부여잡고 문손잡이를 돌렸다.

"신문 받아 보세요. 6개월 무료예요. 현금도 드려요."

희망이 절망으로 바뀌는 건 찰나였다.

'접을까? 손해 더 나기 전에 그냥 접을까?'

'계속 과외나 할 걸 그랬나.'

상가 계약하면서 중1 때 꿈을 이뤘다며 좋아했다. 한 달 다 되도록 학생이 없었다. 월세, 그대로 날렸다. 깡다구 심장에 구멍이 뚫렸다. 아무리 밀어도 꼼짝도 하지 않는 바위 앞에 서 있었다. 기운 내서 더 밀어볼까, 단념하고 돌아설까. 오늘은 희망, 내일은 절망이 밀물과 썰물처럼 왔다 갔다 했다. 집 보증금까지 빼서 차린 교습소였다. 하루가 1년이었다.

일찍 출근해서 교실을 쓸고 있었다. 어머니 한 분이 들어왔다. 선생다운 모습을 보여주고 싶었지만, 빗자루 들고 엉거주춤하게 서 있었다. 민망한 웃음을 지으며 인사했다.

"안녕하세요?"

"초등학교 2학년 아이 상담 좀 하려고요."

1호 준현이와 2호 윤정이가 탄생한 순간이었다. 둘은 사촌지간이었다. 준현이가 일주일 먼저 등록했다. 아무도 안 다니는 신생 학원에 자녀를 마루타 삼아 보내고 싶은 부모는 드물다. 몇 달 지나 잘 가르친다는 소문이 슬슬 나야 관심을 가진다. 아무도 없는 식당엔 맛이 없나 싶어 들어가기 주저하는 것처럼 말이다. 줄 서서라도 소문난 곳에서 먹고 싶은 게 고객 심리다. 그런데 준현 어머니는 생각이 달랐다.

"학생 없을 때 등록해야 더 관심받지 않겠어요?"

두 어머니는 내 강점을 보았다. 나이 어리고, 경력도 없고, 실수도 잦았지만, 밝고 자신감 있는 태도에 점수를 주었다. 지금 생각하면 부끄럽기 짝이 없는 일화 한 가지 소개한다.

준현이와 윤정이가 소곤댔다.

"야, 너 배 안 고프냐?"

"배고파! 조용히 해!"

공부시킬 때는 얼음 선생이었다. 들킬까 봐 숨죽이며 말하는 모습이 귀여웠다. 마침 나도 배꼽시계가 울렸다.

"선생님도 배고픈데 우리 떡볶이 먹으러 갈래?"

셋이서 수업하다 말고 분식집으로 향했다. 어머니에게는 비밀로 하자고 손가락 걸었다. 삼국지의 유비, 관우, 장비가 도원결의(桃園結義)한 것처럼 굳은 약속을 했다. 아무리 철딱서니 없는 원장이라도 해서는 안 될 일이었다. 어릴 때 사고뭉치였던 모습이 불쑥불쑥 튀어나왔다.

다음 날, 두 녀석이 싱글벙글거리며 들어섰다.

"선생님, 어제 떡볶이 먹은 거 엄마한테 말했어요."

"뭐? 손가락 걸었잖아!"

내 속도 모르고 꼬마들은 웃었다.

'곧 전화하시겠지. 화내실 거야. 아니야. 화가 났다면 어제 전화하셨겠지? 학생 두 명밖에 없는데 이제 나 혼자 남겠구나.'

한편으론 아이들이 혼났을까 봐, 슬그머니 물었다.

"너네, 혹시 야단 안 맞았어?"

"안 맞았는데요. 엄마가 잘 먹고 왔다고 했어요."

"재밌는 선생님이라고 했어요."

"거기 오래 다니라고 했어요."

준현이와 윤정이는 무용담이라도 들려주는 듯 들떠 있었다. 마지막 말이 제일 기뻤다. 화내실 법도 한데 오히려 좋아하셨다니 의아했다. 수업 후 전화했다.

"선생님이 아이들 예뻐하는 거 알아요. 공부시킬 땐 무섭게 시킨다는 것도요. 선생님 재밌고 잘 웃는다고 좋아해요. 영어가 좋대요. 그거면 됩니다."

꼬마 둘은 나를 만나고부터 영어를 좋아하게 됐다고 한다. 예나 지금이나 영어 선생으로서 가장 듣고 싶은 말이다. 수업 시간에는 준이와 주니라고 불렀다. 준현이는 6월에 태어나서 June이, 윤정이는 유명 원서인 Junie B. Jones의 주인공 이름을 따서 Junie라고 지어줬다. 준이와 주니가 다니면서 같은 반 친구가 하나둘 등록했다. 이사 가기 전까지 7년 가까이 함께했다. 5년이 지나 수능 마치고 다시 소식이 닿았다. 어느새 대학을 졸업했고, 직장인이 되었다. 월급 받으면 밥 사주러 온다.

"쌤이 저희 어릴 때 많이 사줬잖아요. 이제 우리가 사드릴게요."

"우리 대학 붙었을 때요. 엄마가 쌤부터 찾아뵙고 인사드리라 했어요."

두 어머니는 수업하다 말고, 떡볶이 먹으러 갔던 철부지 원장을 믿어줬다. 그분들이 계셨기에 좋아하는 일을 하며 지금 이 순간의 행복을 누린다. 책에는 시행착오를 덜 겪으라는 의도에서 고생담을 썼지만, 기쁨과 보람이 훨씬 컸다. 스무 해 넘게 지속하는 이유다.

---

※ 3장 ~ 6장에 나오는 학생 이름은 모두 가명이다.

# 창업 첫 달, 벼룩의 간을 빼먹은 광고 사기꾼

기억은 희한하다. 며칠 전 일은 기억 못하는데, 20년 지난 일은 생생하다. 감정까지 되살아나 두통약 한 알 입에 넣고 싶었다. 2022년 3월, 오랜만에 버스 타고 서점에 갔다. 앞좌석 뒷면에 광고 문구가 있었다. '이 자리에 광고 내실 분.'

첫 교습소를 오픈하고, 손과 발에 모터라도 달린 듯 정신없이 뛰어다녔다. 학교 앞, 아파트 장날, 길에서 전단지를 나눠줬다. 우편함에 넣고, 전봇대에 붙였다. 뭐가 효과 있을까 재고 따지지 않았다. 신문 삽지, 아파트 관리비 용지, 현수막, 엘리베이터 거울 등. 동시에 여러 가지를 퍼붓듯이 했다. 그 상황에서 할 수 있는 모든 걸 했다. 돈을 쓰든지, 몸을 쓰든지 해야 했다. 뭐, 선택의 여지 없이 후자였다. 창업 자금이 빠듯했고, 온라인 광고가 흔하지 않았으니 가만히 앉아서 할 일은 거의 없었다. 열었으니 알리는 것보다 급한 일이 뭐가 있나. 가만히 있으면 누가 알아줄까! 우아하게 앉아 있으면, 우아하게 문 닫는다.

간판 달자마자 빛보다 빠른 속도로 광고업체에서 전화가 왔다. 방문도 했다. 은행 안에 광고를 내주겠다며 한 남자가 찾아왔다. 잠자고 있던 기억 세포를 깨운 문제의 그 남자였다. 지금이라도 현상수배하고 싶다.

키 170 정도, 마른 체격, 검은색 뿔테 안경, 짙은 색 양복, 말할 때 입술 삐뚤어짐. 40대 중반 추정.

"은행에 가면 입출금 용지 적는 데스크 있잖아요? 거기에 A4 용지 크기로 학원 광고를 붙여 놓을 거예요. 은행 측과 계약했어요. 한 달간 붙일 거예요. ○○은행에 사람 많이 다니는 거 잘 알죠?"
의심의 눈길을 보냈다. 그럴 줄 알았다는 듯, 신속히 두꺼운 파일첩을 펼쳤다. 여러 은행의 광고 사진을 보여줬다.
"한 자리만 남았어요. 지금 기회 잡으세요! 다음엔 비용 올라요."

넘어갔다. 30만 원 준 걸로 기억한다. 그때 30만 원의 가치. 지금과 비교하면 얼마일까. 체감상 3천만 원만큼 귀했다. 학생이 없으면 길거리에 나앉아야 했다. 30만 원은 마지막 돈이었다. 학원 알릴 생각에 걱정보다 희망이 컸다. 우리 동네에서 가장 큰 은행이었다. 항시 사람들로 붐볐다. 학부모도 많을 테니, 학생이 금세 늘 거라고 믿었다.

첫날, 은행에서 만났다. 코팅된 광고지가 붙어 있었다. 돈을 건넸다. 이틀째 가니 흔적도 없었다. 은행 직원은 모르는 일이라 했다. 그런 사람과 광고 계약 맺은 적 없다고 했다. 눈앞이 하얘졌다. 그 자리에 주저앉았다. 은행에서 뭐가 아쉬워 뜨내기 광고업자랑 계약을 했을까. 말도 안 되는데…. 감쪽같이 속았다.

사람을 믿었다. 지푸라기라도 잡고 싶었다. 제대로 당했다.

학원 경영하며 300만 원, 3천만 원도 한꺼번에 잃어봤다. 그런데 그때 그 시절 30만 원이 심장을 더 콕콕 찌른다. 벼룩의 간을 빼먹은 사기꾼. 그 돈이 어떤 돈이었는데. 얼마나 절박한 심정으로 건넸는데! 요즘은 정보가 투명해졌지만, 그럼에도 눈 뜨고 코 베이는 상황은 여전히 존재한다. 수법만 바뀌었을 뿐 그런 인간들은 사회

곳곳에 기생한다.

사고를 방지하는 열쇠는 내가 쥐고 있었다. 내게도 잘못은 있었다. 의심이 갔지만, 그 사람을 믿기로 했다. 왜? 빨리 학생을 모집하고 싶었다. 없는 돈 긁어모아서라도 빨리 고생 끝내려 했다. 당연하다 생각했다. 누가 늦게 모집하고 싶고, 고생하고 싶을까. 그 사람에게 당한 건, 조급함 때문이었다. 그걸 노렸겠지.

사업에서 빨리빨리 되는 길은 낭떠러지 길이었다. 정상에 올라가는 길, 올라가서 지키는 일은 하루가 10년 같았다. 떨어지는 건 빨리빨리 바라지 않았는데, 눈 깜짝할 사이였다. 어떤 일이든 조급함은 좋은 결과를 밀어냈다. 엄마 뱃속에서 태아가 건강하게 자랄 시간이 필요하듯, 홍보도 그렇다.

초조해질 때마다 질문을 던졌다.

- 공부랑 홍보는 같아. 며칠, 몇 달 반짝한다고 바로 효과가 나? 그럼 다 서울대 가게?
- 실력이 당장 오르지 않아도 돈 투자하며 학원 보내는 학부모 마음 생각해봤어?
- 학원 다니기 싫어도 꾸역꾸역 몇 년씩 오는 학생 생각해 봤어?
- 천만 원 투자해서 한 달 미국 다녀온다고 당장 원어민 돼?

• 남이 하는 투자와 노력은 당연한 거고, 네가 한 건 아까워?

• 학부모 상담할 때마다 네가 그랬잖아. "영어 실력이 그렇게 빨리 오르는 게 아니에요." 너는 왜 홍보 효과를 빨리 기대하는데?

창업 첫 달, 광고 사기 덕분에 일찌감치 큰 교훈을 얻었다.

'사기꾼 경계하기 전에 내 조급함을 먼저 경계하자.'

학원 경영이 술술 풀리지 않거나 홍보 효과가 더딜 때, 학부모와 학생을 생각하며 자문자답했다. 상황을 객관적으로 바라보게 되었다. 차분해지고 느긋해졌다. 어떤 길로 가야 할지 선명히 보였다. 빠른 길 대신 바른 길을 택했다. 고객도 우리 학원을 선택했다. 그들이 바라는 걸, 내가 먼저 실천하는 것이 학원 성장의 길이었다.

# 외부 마케팅과 홍보물 종류

　독특한(?) 취미가 있다. 간판과 현수막 구경하기. 솔선수범해서 하는 일이 있다. 전단지 받아주기. 기분 전환이 필요할 때, 강남역 거리를 활보하며 간판을 구경한다. 현수막과 각종 광고 문구를 유심히 본다. 학원 네 곳의 간판과 로고를 구상하면서 디자인에 관심이 커졌다. 명함, 노트, 홍보물은 직접 디자인한다.

　전단지 돌리는 사람을 보면, 일부러 가서 받는다. 그때 그 시절이 생각나서 그냥 지나치지 못 한다. 내가 건넨 전단지를 받아주면, 마음에 햇살이 들어왔다. 길에 버려질 때는, 비가 내리쳤다. 모르는 사람이지만 그들에게 햇살을 주고 싶다. 내민 손이 부끄럽지 않게 웃으며 받는다. 가방에 소중하게 넣어 집에서 읽는다.

| 신문 삽지 | 가장 먼저 했던 추억의 광고다. 5년 차까지 1년에 한 차례씩 했다. |
|---|---|
| 아파트 광고 | 분기마다 게시판, 1년에 한 번 우편함 전단지 광고를 고정적으로 한다. |
| 현수막 | 설명회 일정에 맞춰 1년 1~2회 아파트 지정 게시대에 한다. |
| 온라인 | 블로그는 매주 1~2회 포스팅, 당근마켓은 분기마다, 맘카페는 1년 1~2회 한다. 재학생 학부모가 맘카페에 학원을 소개했을 때 단기간 신입생 등록률이 높았다. |
| 기타 | 입학식과 졸업식에 맞춰 학교 앞에서 홍보한다. 마을버스 광고는 1~2년에 한 번씩 한다. |
| 학원 협력 업체 | 문구점, 카페, 분식점에서 사용할 수 있는 쿠폰을 발행한다. 카운터나 입구에 학원 전단지를 비치한다. 15년 전에 문구점을 처음 시작했는데 학부모와 학생 만족도가 좋아 카페와 분식점으로 늘렸다. |

## 홍보물

홍보물을 제작할 때 네 가지를 고민한다.

- 품질이 좋은가?

- 실용적인가?

- 받고 싶은 물건인가?

- 학부모에게 전달될 수 있는가?

내가 받고 싶지 않은 건, 남도 그렇다. 홍보물은 대량 제작이라서 단가에 민감해지지만, 개수를 줄이더라도 품질 좋은 걸로 한다.

마트에 가면 신상품 먹거리를 유심히 본다. 〈꼬꼬면〉, 〈나가사끼 짬뽕〉, 〈허니버터칩〉, 〈불닭 볶음면〉, 〈미역국 라면〉, 〈꼬북칩 초코츄러스〉가 출시됐을 때, 학원 스티커를 붙여서 홍보에 활용했다. 선생님과 학생 생일에 〈햇반〉과 〈미역국 라면〉을 깜짝 선물로 줬다. 온 가족이 먹게 푸짐하게 챙겼더니, 학부모들의 감사 인사가 이어졌다. 〈꼬꼬면〉이 나왔을 즈음에는 건강이 좋지 않아 출근이 불안정했다. 그런데도 홍보했고, 내가 자리에 없어도 학원이 움직이고 있다는 걸 알렸다. 마케팅을 생활의 일부로 여긴다. '상대에게 기쁨을 주는 일'이라 생각하며 365일 즐기며 한다.

| | |
|---|---|
| 가방류 | 학생이 학원 가방을 메고 다니면 홍보 효과가 크다. 가방은 단가가 비싸더라도 최고급으로 제작했다. |
| 주방 용품 | 초기에는 이것저것 시도했으나, 종량제 봉투(일반, 음식물 쓰레기)가 꾸준히 반응이 좋다. |
| 계절 용품 | 재학생용 어린이날 티셔츠를 제작할 때, 홍보용으로 넉넉히 준비해서 상담하러 오는 학부모에게 선물한다. 가방처럼 티셔츠도 품질 좋은 것으로 제작한다. |
| 문구류 | 5년 차까지는 10여 가지를 번갈아 가며 홍보했고, 그 후로는 노트만 한다. |
| 먹거리 | 인기 있는 신제품 라면류나 과자류를 활용한다. |

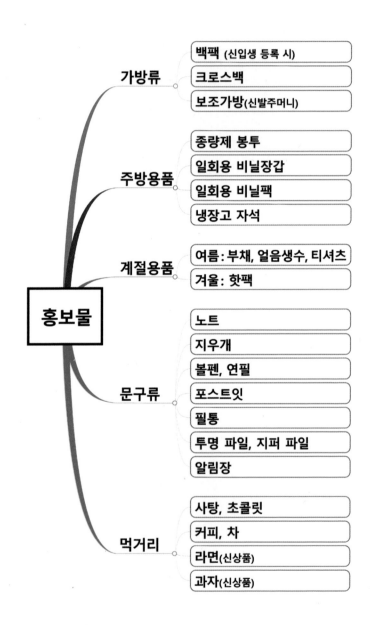

홍보물

- 가방류
  - 백팩 (신입생 등록 시)
  - 크로스백
  - 보조가방 (신발주머니)

- 주방용품
  - 종량제 봉투
  - 일회용 비닐장갑
  - 일회용 비닐팩
  - 냉장고 자석

- 계절용품
  - 여름 : 부채, 얼음생수, 티셔츠
  - 겨울 : 핫팩

- 문구류
  - 노트
  - 지우개
  - 볼펜, 연필
  - 포스트잇
  - 필통
  - 투명 파일, 지퍼 파일
  - 알림장

- 먹거리
  - 사탕, 초콜릿
  - 커피, 차
  - 라면 (신상품)
  - 과자 (신상품)

# 우리 학원이 입소문 난 3가지 이유

원장의 실행력과 학부모의 신뢰는 정비례한다. 나는 행동파다. '열심히 한다. 최선을 다한다.' 말로만 하지 않는다. 뭘 열심히 하고, 어떻게 최선을 다하는지 증명한다. 성향 자체가 애매모호하고 우유부단한 것과 거리가 멀다. 상대방이 분명히 알 수 있게 손에 쥐여 준다.

학부모는 학원에 시간을 사고 돈을 지불한다. 마트에서 쌀, 김치, 사과, 과자를 사는 것과 다르다. 선생님이야 목이 쉬도록 설명하지만, 학부모는 알지 못한다. 실체 없는 상품을 매달 구입하는 학부모에게 감사드리고 싶었다. 눈에 보이는 결과물로 학부모에게 신뢰를 주었다.

## 학습 결과지

자정 무렵 퇴근했다. 새벽 세 시까지 책상 앞에 앉아 있었다. 한 학생당 A4 두 장씩 학습 결과지를 썼다. 그래프와 도표는 넣지 않았다. 10포인트 글자로만 채웠다. 편지에 가까웠다. 문 열고 들어올 때부터 나갈 때까지 모습을 적었다. 세상에 한 명밖에 없는 그 학생만 생각하며 썼다. 어떤 문장도 복사해서 붙여 넣지 않았다.

"안녕하세요, 민지 엄마예요. 학습 결과지 잘 읽었어요. 엄마만 아는 민지 습관을 알고 계셔서 놀랐어요. 아빠도 몰라요. 얼마나 유심히 보셨으면…, 이렇게 정확히 아실까요. 남편과 연애 때도 받아본 적 없는 편지인데, 민지 덕에 받아보네요."

연필 쥘 때 손 모양, 말할 때 특징, 걸음걸이, 자주 말하는 단어 등을 썼다. 실력 향상은 당장 눈에 보이지 않는다. 초등부는 시험이 없으니 더 그렇다. 알파벳 모르던 아이가 알파벳을 쓰고, 글을 못 읽던 아이가 글을 쓰면 표시라도 난다. 원래 읽고 쓸 줄 알았던 학생은 실력 오르는 게 더디게 느껴진다. 그래서 학생의 일상을, 작은 성공을 성적표에 적었다.

실시간 즉각적으로 반응해야 하는 전화 상담은 부담스러웠다. 20대인 내가 40대 전후의 학부모와 자녀 교육에 관한 대화를 나누는 건 자신 없었다. 글은 보내기 전 수정할 수 있어서 부담이 적었다. 지역에서 입지가 다져지고 다른 결과물을 보여주게 되면서, 편지 같은 학습 결과지는 점차 줄여 나갔다. 나는 했지만, 선생님에게 하라고 할 수는 없었다. 학습 결과지는 자전거의 보조 바퀴처럼 두 발로 달릴 수 있을 때까지 든든한 힘이 되어 주었다.

지인 원장은 학원을 10년 운영했는데 학습 결과지를 보낸 적이 한 번도 없었다. 그런데도 평균 월 순수입 천만 원을 유지했다. 문서는 기록으로 남아서 부담스럽다며 전화와 대면 상담을 선호했다. 학부모와 식사 자리도 종종 마련했고, 뮤지컬이나 연극도 같이 보러 다녔다. 나로선 상상할 수 없는 일이다.

다시 강조하지만, 자신의 강점을 찾아 몰입해서 행동해야 원하는 결과를 얻는다. 누구나 고만고만하게 잘 가르친다. 내가 하는 건 남도 다 한다. 확실히 튀어야 고객은 알아준다.

## 빈틈없는 교재 관리

"우석이 교재 봤어요. 너무 꼼꼼하게 체크되어 있어서 어느 학원이냐고 물었어요."

입학 상담 때 자주 듣는다. 옆집 아이 교재를 보고 우리 학원이 궁금해서 찾아온다.

신입 강사가 오면 채점 방식부터 교육한다.

- 정답은 동그라미를 '선명하게' 그려 주세요.
- 틀린 문제는 별표 해 주세요.
- 다시 풀어서 맞추면 하트 그려 주세요.

누가 채점해도 같게끔 매뉴얼화했다. 뭘 동그라미 모양까지 신경쓰냐고 하는 사람도 있겠지만, 디테일의 차이가 난공불락 학원을 만든다. 관리 소홀한 학원은 아니라는 강한 믿음이 있으니 지인들에게도 추천한다. 좋은 학원은 쉬쉬한다고 하지만 형제자매, 친인척은 보낸다. 학생의 50~70% 이상이 형제자매 친척 회원이었다. '이만하면 되겠지'라고 생각하지 말고, 필사적으로 기본부터 챙기자.

학생 교재를 봤는데 엉터리로 채점되어 있고, 빈칸 숭숭 보이고, 체크했는지 안 했는지 구분이 안 될 정도로 깨끗하면 인상이 구겨진다. 학부모 마음은 말할 것도 없다.

### 학생에게 눈을 떼지 않는 선생님

"엄마, 영어 선생님은 눈 똥그랗게 뜨고 우리만 봐."
"수업 시간에 딴짓 못 해."

"원장님 무서운데 공부는 잘돼."

학생은 선생님 숨소리까지 엄마에게 전했다. 학부모는 거실에 앉아 학원 상황을 훤히 꿰뚫어 본다. 학습 결과지나 교재처럼 직접 본 건 아니지만, 더 와 닿을 수 있다. 관리 철저히 한다는 입소문은 좋은 학원을 골라 보내려는 학부모의 지갑을 열게 했다.

"원장님은 뒤통수에도 CCTV가 달려 있어!"

우리 선생님들이 학생에게 종종 말한다. 규모가 커지면서 내 눈으로 직접 학생을 관찰하는 시간은 줄었지만, CCTV를 철두철미하게 분석하고 학부모, 강사, 학생에게 피드백한다. 원장이 직접 가르치지 않아도 흔들림 없는 학원은, 이렇게 시작했다. 방법은 달라졌지만, 1년 차나 23년 차나 내 눈은 학생을 향해 있다. 지금도 하루 중 가장 많은 시간을 투자하는 일이 CCTV 분석과 피드백이다.

6개월 무렵에 학생 스무 명 정도 있었다. 스무 명이 순식간에 40명이 됐다. 재학생의 형제자매, 이종사촌, 고종사촌, 같은 반 친구들이 연이어 등록했다. 5~6개월 지켜보는 기간이 지나자 한 달에 20명이 등록했다. 옆집 엄마에게 자신 있게 소개할 수 있는 학원이 되었다. 노력에 비해 결과가 없다고 생각했다. 6개월은 씨 뿌리고 물

주며 싹이 나기를 기다리는 시기였다.


- 오로지 한 아이만을 위한 학습 결과지
- 빈틈없는 교재 관리
- 학생만 바라보는 시선


매일 하는 일, 당연히 해야 하는 일, 남들도 다 하는 일이었다. 어떻게 해야 하는지 몰라, 매일 교실에서 일어나는 기본 업무에 혼을 쏟아 부었다. 1년을 꽉 채우고 2년 차 접어들었을 때 0명이 100명이 되었다. 세 가지는 돈 들이지 않고 할 수 있는 내부 마케팅이었다. 마케팅이라고 생각한 적 없었지만, 같은 효과를 가져왔다. 평범한 일에 절실함을 담아 남들보다 두세 배 이상 노력했다. '정성이 꽃 피는 학원'이 우리 학원 이미지였다. 학원 내부 고객이 외부 고객을 데리고 왔다.

# 잘되는 영어학원 원장, 가슴에 피멍 들다

후배가 교습소에서 50명을 모은 후 학원으로 확장했다. 잘 정착하길 바랐는데, 걱정은 현실이 되었다. 20년 전에 내가 들었던 말을 후배가 똑같이 들었다. 상가 터줏대감들이 하루가 멀다고 찾아왔다. 같은 과목이 아닌데도 그랬다. 훈계를 늘어놨다. 시간이 지나자 한 술 더 떴다. 아랫사람 대하듯 오라 가라 했다.

"오늘은 그 원장 안 찾아왔니?"

"요즘은 안 와요. 제가 불려가요."

"무슨 말이야?"

후배보다 스무 살 이상 많은 터줏대감은 후배를 찾아가는 게 싫었다. 자기 학원으로 불렀다.

"진짜 가면 어떡해! 더 만만히 본단 말이야. 자기 말하는 대로 움직여 주면 쉽게 보고 더 한 짓도 한다고! 내가 한두 번 겪은 줄 알아!"

속상해서 후배를 나무랐다.

"그냥…, 일일이 맞서기 피곤했어요. 이해도 되고요. 회사에서 새파랗게 어린 후배가 자기 치고 올라오면 스트레스받잖아요. 그런 거 아닐까요."

"너는 직장 후배가 아니야. 원장이야. 똑같은 입장이라고! 불법 영업하는 것도 아닌데 당할 이유 없어."

초창기에 겪었던 일이 되살아났다. 잊었다고 생각했다. 잊을 만큼의 시간이 지났는데 세포 구석구석 기억이 박혀 있었다.

"동종 업종 제한 없어요. 아무 걱정하지 말아요."

상가 알아볼 때, 동종 업종 제한이 있는지부터 확인했다. 부동산 중개인과 상가 주인의 안심하라는 말을 철석같이 믿었다. 수업할 날만 손꼽아 기다렸다. 오픈 후, 반기는 건 텃세였다. 나랏법보다 상가법이 위였다. 알고 보니, 원래 동종 업종 제한이 엄격한 상가였다. 상가 주인들은 업종이 겹치지 않는 임차인을 구해야 했다. 웬만한 건 들어와 있었다. 빈 상가인 채로 관리비만 나갔다. 상가 주인들의 반발로 내가 계약하기 1년 전에야 동종 업종 제한이 풀렸다. 말끔히 사라지지 않은 채, 여파가 남아 있었다.

며칠 후부터 원장'들'이 찾아왔다. 10년 넘게 자리 잡고 있던 터줏대감'들'이었다. 어른 행세 하고 싶어 했다. 고분고분 말 잘 듣기를 바랐다. 세상을 살아가려면 꼿꼿해야 할 때도 있고, 휘어져야 할 때도 있다. 이들과의 사이에서 전자를 선택했다.

'내가 왜 고분고분하게 말 잘 들어야 해? 오라면 오고 가라면 가야 해? 내 상사야 뭐야. 똑같이 원장이야.'

나를 마음대로 휘두르고 싶어 했다. 처음엔 그들의 행동 하나하나가 신경 쓰였다. 상가에 들어서면 내 심장 소리가 들릴 지경이었다. 그렇게 지내길 몇 달…, 정신이 들었다.

'나는 대표야. 이런 일 있을 때마다 중심 못 잡고 휩쓸리면 어떻게 학생을 지켜.'

유치찬란한 행동에 일일이 반응하지 않았다. 일에만 몰두했다. 무반응에 재미가 없었는지, 우리 학원이 잘되어 비교조차 되지 않아 위축되었는지, 서너 달 지나자 상가 텃세는 줄어들었다. 내부 텃세만 견디면 끝날 줄 알았다. 외부 경쟁 학원의 견제는 수년간 이어졌다.

학원 창문이 부서졌다. 누군가 돌멩이를 던졌다. 정체불명의 전화에 매일 밤 시달렸다. 아파트 지정 게시대에 현수막을 걸어 놓았다. 하루 이틀이 지나 현수막이 갈기갈기 찢겨 있었다. 현수막에 대외 시험 합격자 명단을 게시했다. 이름을 알아볼 수 없었다. 자기 이름이 찢긴 걸 본 여학생은 울음을 터트렸다. 학원에 무슨 일이 있다는 것을 감지한 학부모의 걱정이 이어졌다. 길거리에서도 박살 난 창문과 찢긴 현수막이 훤히 잘 보였다. 옛 자료를 찾다가 오픈 2년 차 접어들 때 학부모에게 썼던 편지를 발견했다.

학부모님들께 드리는 약속입니다.

오픈하고 일 년이 지났습니다. 아시는 바와 같이 그동안 주변 학원들과 관련하여 크고 작은 문제가 있었습니다. 겨울 방학을 전후로 최근까지 심각한 일도 있었으나, 지금은 해결했습니다. 염려 끼쳐 드려 송구합니다. 타 학원을 헐뜯거나 비방한 적 없습니다. 전혀 알지도 못하거니와 관심을 가질 만한 여력도 없습니다. 저희 학생들 챙기는 것만으로도 24시간 부족합니다. 제 유일한 관심사는 저희 학생이 즐겁게 공부하여 실력을 쌓는 것입니다. 정성을 다하여 결과로써 보답하겠습니다. 불미스러운 일로 학생들이 놀라는 일이 없도록 각별히 신경 쓰겠습니다.

2009년 신종 플루 사건 때, 신문사와 방송국에 제보한 사람이 경쟁 학원 원장일 거라고 지인들이 분통을 터트렸다. 어느 정도 짐

작은 했지만, 아닐 거라고 말했다. 설마 그렇게까지….

"세상 사람들이 다 원장님처럼 긍정적이진 않아요. 남 잘되는 거 못 봐주는 심보 고약한 사람 많아요."

학부모는 나의 밝음과 열정을 좋아했다. 경쟁 학원은 그래서 나를 더 싫어했다. 좋아하는 일이라서 학원을 시작했다. 열심히 일해서 가족이 함께 살던 옛집을 되찾고 싶었다. 그게 다였다. 누구와도 경쟁하고 싶지 않았다. 이런 상황에 놓일 거라 상상조차 못했다.

10~11년 차에 겪은 세 가지 사건으로 학원이 무너졌지만, 어쩌면… 그전부터 금이 갔는지 모르겠다. 꿈은 컸지만, 역량이 부족했다. 열정만으로 경영 하려니 버거웠다. 그런데 견제까지 끊이질 않았다. '먹고 먹히는 세상'에서 벗어나고 싶었다. 한 지역에서 대형 학원으로 키우지 않고, 서울과 경기도에 중소형 학원을 분산시켜 운영하게 된 이유 중 하나다.

세월이 흘렀지만, 아직 모르겠다. 남의 학원이 잘되면, 내 학생에게 더 잘하려고 노력해야 하는 거 아닌가. 나보다 잘되는 곳, 나보다 훌륭한 사람을 보면, 배울 점부터 찾는다. 누군가를 시기할 그 시간에 고객을 위해 학원 내실을 다진다.

# 우리 학원 사용 설명서 : 신입생 안내문

신입생 안내문에는 우리 학원 주요 시스템이 요약되어 있다. 분기마다 검토하고 수정·보완한다. 총 10페이지 분량이며 학년에 따라 1~2페이지 많다. 1~6페이지는 경영·관리 부문, 7페이지부터는 수업 부문이다. 교육비, 보충, 휴가 등 주요 사항에 관한 건 2장으로 요약해서 별도로 준다. 처음에 주고 끝나는 게 아니라 분기마다 다시 안내한다.

안내문에는 다음과 같은 내용을 실었다. 항목별 상세 내용은 책 전반에 걸쳐 써 놓았다. 이 책 전체가 영어학원 경영의 안내문이다.

## ■ 공통 안내(1~6쪽)

### 1쪽 : 원장 인사말

실력 향상을 위한 계획, 학원의 비전, 원장과 강사의 노력 등을 언급한다. 학부모에게 내 이미지는 '끊임없이 공부하는 원장'이다. 신입 안내문, 매달 소식지, 분기별 공문, 문자 메시지를 통해서 배움의 근황을 공유한다. 지금 어떤 자기 계발을 하고 있으며 학원 경영과 수업 프로그램에 어떻게 접목할지 알린다. 학생에게도 심리상담사, 독서지도사 자격증, 토익 성적표 등을 보여준다.

"또 배워? 또 공부해?"

지인들에게 자주 듣는다. 대표인 내가 공부하고, 실천하는 건 당연하지 않은가. 나도 하지 않으면서 강사와 학생에게 하라고 하지 않는다. 먼저 배우고 효과를 검증해 본 후 학원에 도입한다. 강사와 학생이 성장하도록 돕는다.

### 2쪽 : 정규 수업 시간표와 교습비, 결제 방법

수업 시간과 교습비는 학원 내부와 외부에 게시해야 한다. 의무사항이다. 교육청 신고 양식을 참고한다. 상급 학교 진학에 따른 교습비 변경 시기와 금액을 적는다. 교재비는 포함되지 않으며, 교재는 학생이 직접 구매한다.

대면과 비대면 결제 방법, 교육비 납부 기간, 환불 기준, 할인 제도(형제 회원 할인, 장학금)를 넣는다. 환불 기준은 법령으로 정해져 있다. 납부 기한 내 결제하지 않으면 수업하지 않는다는 내용을 강조한다.

3쪽 : 1년 학사 일정

정규 수업, 보충 수업, 내신 대비, 학원 방학, 특강, 이벤트 일정을 캘린더 식으로 표시한다. 안내된 것과 다르게 진행되면, 최소 한 달 전에 공지한다.

4쪽 : 보충 수업 계획

두 종류의 보충 수업이 있다. 매달 2회 정규 보충과 내신 대비 보충이다. 정규 수업처럼 매달 2회 고정적으로 실시한다. 1~10회 차는 정규 수업, 11~12회 차는 보충 수업이다. 보충 수업은 학원의 의무 수업이 아니다. 당연히 해줘야 하는 것으로 생각하지 못하도록 실시 목적을 밝힌다.

5쪽 : 정규 수업 외 프로그램

분기별 장학 미션, 대외 시험, 특강, 이벤트(어린이날, 크리스마스 행사), 단어의 제왕, 독서 감상화 대회 등에 관한 안내를 싣는다. 실시 목적과 얻을 수 있는 효과, 장학금 내용이 있다.

6쪽 : 여름·겨울 방학 및 기타 안내(협조) 사항

방학 한 달 전에 학원 휴가 계획 및 수업 일정을 공지한다. 학생 휴가로 인해 보충 요구, 교육비 환불 등의 요구가 있을 수 있다. 여름 휴가철마다 결석 보충과 교육비 문제로 편한 날이 없었다. 각 학원에 맞게 여름 휴가로 인한 보충과 교육비 정책은 확실히 공지하도록 한다.

■ 학년별·레벨별 안내(7~10쪽)

7쪽 : 학생이 지켜야 할 태도와 퇴원 규정

결석, 지각, 과제, 기물 파손, 낙서, 수업 방해, 선생님과 다른 학생에게 불쾌한 말과 행동을 할 때 조치 등을 적는다.

8쪽 : 교재 안내

개인별 맞춤 수업을 진행하기 때문에 문법책만 20종이 넘는다. 영역별·레벨별 교재 중 가장 많이 사용했던 교재를 소개한다.

9쪽: 테스트 종류와 실시 일정

단어를 기본으로 모든 영역의 테스트를 일일, 주간, 월간, 분기에 계획적으로 실시한다. 학교 듣기 평가와 고등부 모의고사는 실제 시험장 분위기와 똑같은 상태로 치른다.


### 10쪽 : 과제 종류와 수행 방법

영역별 과제 종류와 하는 방법을 안내한다. 듣기·읽기 과제에 필요한 인터넷 사이트 소개, 녹음 방법, 받아쓰기 방법, 노트 필기법, 오답 노트 작성법을 알려준다.


언젠가 지인 원장이 말했다.

"안내문 줘도 읽지 않아서 이제 안 보내요. 간단히 문자나 카톡으로 보내요."

"안 읽는 거 알죠. 그래도 보냅니다. 10%의 학부모를 위해서요."

자녀 교육에 관심 많은 학부모는 모든 내용을 꼼꼼히 읽는다. 주로 상위권 학부모다. 얼마나 정성을 쏟아 안내문 한 글자 한 글자를 썼는지 느낀다. 원장의 꼼꼼함, 정성 그리고 실력을 알아본 상위권 학부모가 학원 경영에 좋은 영향을 줬다. 서둘러 다른 자녀를 등록시켰다. 본인과 성향이 비슷한 지인에게 추천했다.


'파레토 법칙'은 학원 경영에도 적용된다. 10~20%의 우수 고객이 80~90% 학부모에게 좋은 이미지를 심어준다. 학원 매출을 책임진다. 철두철미한 관리로 입소문 난 우리 학원은 첫 문서에서부터 증명해 보인다. 수업이나 관리는 얼마나 꼼꼼히 할지 안 봐도 보일 것이다. 정성 들인 만큼 결과가 돌아온다.

파레토 법칙(Law of Pareto)

'80 대 20 법칙' 또는 '2 대 8 법칙'이라고도 한다. 전체 결과의 80%가 전체 원인의 20%에서 일어나는 현상을 가리킨다. 예를 들어, 20%의 고객이 백화점 전체 매출의 80%에 해당하는 만큼 쇼핑하는 현상을 설명한다. 이 용어를 경영학에 처음으로 사용한 사람은 품질 경영 전문가인 조셉 주란(Joseph M. Juran)이다. "이탈리아 인구의 20% 가 이탈리아 전체 부의 80%를 가지고 있다."고 주장한 이탈리아의 경제학자 빌프레도 파레토의 이름에서 따왔다.

(네이버 지식백과)

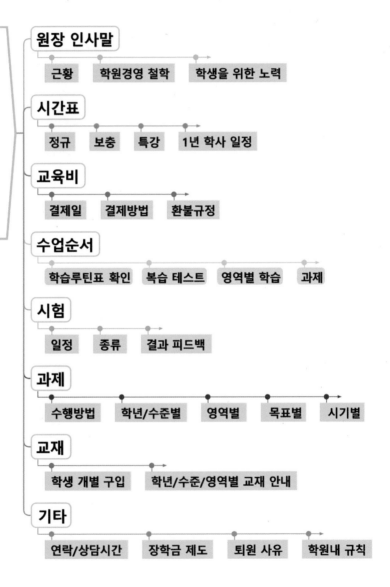

# 신입생 첫 달 문자

입학 레벨 테스트는 실제 실력보다 낮게 나온다. 범위 없는 시험에서 역량을 충분히 발휘하는 학생은 드물다. 2주 지나면 진짜 실력이 드러난다. 교재 정할 때, 테스트 결과만 보지 말고 실제 실력은 조금은 더 좋을 수 있다는 걸 염두에 두고 선택한다. 테스트 결과만 보고 정하기 어려울 때는 1~2주 지켜보고 정한다.

신입생 적응 기간은 평균 2~3주다. 첫 달은 신생아 키우듯 관심을 기울인다. 학부모도 우리 아이가 새 학원에 잘 적응하는지 궁금해 한다. 3~4차례 전화 또는 문자로 학원에서 어떻게 지내는지 안내하고 사진도 보낸다.

### ■ 첫날 문자

수업 마치고 당일 저녁에 반드시 상담한다. 그러지 못할 때는 다음 날 몇 시경 연락하겠다는 문자를 남긴다. 첫날 수업해 보고 세부 진도와 과제 분량을 정한다. 둘째 날에 개인 진도표와 과제 목록을 카카오톡으로 보낸다.

안녕하세요, 수희 첫 수업 잘 마쳤습니다. 문법 오답은 설명해 주니 어렵지 않게 이해했고 틀린 발음 없이 자신 있게 읽고 내용 파악했습니다. 수희 세부 수업 진행 과정과 과제들은 정리해서 내일 7시경 카톡으로 안내해 드리겠습니다. 2~3주는 적응 기간이라 과제량이 적습니다. 차츰 늘어납니다. 지켜보시고 조정할 부분 있으시면 연락해 주세요. 편안한 저녁 되세요.

### ■ 2주 차 문자

한 주간 공부한 내용과 과제, 입학 테스트 결과와 비교해서 같은 점과 다른 점, 학원에서 모습 등을 전한다. 4주 차에 연락한다는 걸 미리 알린다.

안녕하세요, 수희 오늘 공부 모습과 학습 자료들입니다. 받아쓰기 과제 체크(2장), 독해 시험지(1장), 단어 시험지(2장)입니다. 1시간 50분 동안 쉬는 시간도 없고 분 단위로 수업이 계획되어 있어서 힘들 법한데 의 젓하게 잘합니다. 과제도 꼼꼼히 챙깁니다. 처음에는 어떻게 하는지 몰 라 실수하기 쉬운데 수희는 적응이 빨랐습니다. 의견을 말할 때 굉장히 재치 있고 재밌습니다.

■ 4주 차 문자

한 달이 마무리될 무렵 보낸다. 문자나 분기별 학습 결과지를 보 낼 때, 누구에게나 해당하는 뻔한 이야기는 자제한다. 학생에 관한 것 70% 이상, 일반적인 것 30% 미만 비율로 보낸다.

안녕하세요, 영어학원입니다. 수희와 공부한 지 한 달이 다 되어 갑니다. 대답이 시원시원하고 적극적입니다. 듣기, 읽기, 말하기에 자 신감을 보입니다. 상황에 맞게 감정을 실어 글을 맛있게 읽을 줄 압니 다. 수희에게 문법 개념을 설명시켜 보면, 머리로는 알고 있는데 정리 가 되지 않아 자연스럽게 답하지는 못합니다. 그래도 아는 만큼은 대 답하려는 의지가 보입니다. "저 알아요. 선생님… 제가 말해 볼게요. 알려 주지 마세요."라며 선생님이 답해주려 하면 손을 내젓습니다. 수 희와 공부하는 것이 즐겁습니다.

# 발길 닿는 곳마다 시네마 천국

나는 시스템, 네트워크, 마케팅을 합쳐서 '시네마'라고 부른다. 학원에 접목할 시스템과 마케팅을 일상에서 종종 발견한다. 식당, 편의점, 카페, 운동센터, 병원, 노트북 서비스센터에 갈 때마다 학원과 연결한다. 발길 닿는 곳마다 시네마 천국이다.

외부와 학원을 연결하고, 시스템과 마케팅을 이어서 학원을 체계적이고 효율적으로 경영한다. 문구점, 커피숍, 분식집 쿠폰 발행은 시네마의 결과물이다. 책상 앞에 앉아, 왜 안 되냐고 투덜거리지 않는다. 움직이며 세상을 관찰한다. 우리 학원 고객에게 어떻게 최선을 다할까 궁리한다.

## 병원에서 건진 시스템 두 가지

2021년 여름, 10년 넘게 다니던 병원을 옮겼다. 이전 병원 기록이 있지만 모든 검사를 새로 했다. 옮긴 병원이 마음에 들었다. 신규 환자를 위해 전문 코디네이터 두 명이 상담해주고 3시간 검사 일정 내내 함께했다. 혼자 다녔으면 보나 마나 헤맸을 텐데 병원 도착부터 검사 종료까지 1대1로 모든 걸 알려줬다. 그들이 없었다면, '짜증, 불안, 초조'를 달고 다녔을 거다. 처음 가서 어디가 어딘지 모르지, 십여 가지 검사, 전 병원 기록지, CD, 여러 샘플, 수납부터 예약까지…. 어리둥절했겠지. 코디네이터가 가장 먼저 데리고 간 곳은 수납창구였다. '그럼 그래야지.' 처음 보는 그녀에게서 진한 동지애를 느꼈다.

검사 후, 설문 조사 문자를 받았다. 귀가 잘 했는지, 병원 시설 이용에 불편함은 없었는지, 담당 코디네이터는 친절했는지 등, 10여 가지 질문을 했다. 뭔가 대접받는 기분이 들었다. '이건 당장 적용해야 해!' 우리도 설문 조사를 하지만, 신입생은 상담 전에만 했다. 작년부터 상담 후에도 네이버 폼 설문지를 보낸다.

신입생 전담 코디네이터 서비스도 마음에 들었다. 소규모 학원에선 원장이나 담당 교사가 신입생을 챙기는데, 이러면 문제가 생긴다. '재학생에게 소홀해지는 것.'

"언니야, 창민이 학원에 신입생이 들어왔는데 원장님이 그 애만 봐주고 재학생은 대충 본대."

어떤 상황인지 훤히 그려졌다. 나도 그런 적 있었다. 신입생이 한꺼번에 들어오는 것이 항상 반갑진 않았다. 신입생 한 명이 재학생 다섯 명 몫을 한다. 본의 아니게 오래 다닌 학생에게 소홀했다. 선생님의 에너지와 시간은 한정되어 있다. 손 많이 가는 학생 봐주느라 스스로 하는 학생에게 관심을 덜 줬다. 재학생에게 정성을 다하지 못한다는 미안함에 신입생에게도 온전히 집중하지 못했다. 신입생을 한가한 시간에 불러 가르치기도 했지만, 정규 수업 외 시간에 규칙적으로 봐주는 건 어려웠다.

전담 코디네이터의 경우 신입생이 항상 있는 것이 아니고, 1인 원장이나 소규모 학원에서는 상주 직원을 두기 어렵다. 대체 방법을 생각해봤다. 병원 검사 전, 어떻게 검사가 진행되는지 동영상을 미리 보내준다. 우리 학원은 숙제하는 방법을 안내하는 동영상을 보내주는데, 신입생을 위한 학원 생활 가이드 동영상을 준비 중이다.

# 모두가 행복한 학원을 위한 선택

사업은 선택의 연속이다. 학원 경영은 학생의 시간과 미래를 책임지는 일이다. 원장의 선택과 결정에는 학생을 위하는 마음이 먼저여야 한다. 그래서 선택한 일 중의 하나가 학부모 선물을 받지 않는 것이다.

'선물'은 복잡 미묘하다. '눈에 보이는 물건' 이상의 의미를 지닌다. 관계를 끈끈하게도, 멀어지게도 한다. 주니어 학원 경영은 다른 사업보다 민감하다. 문제의 중심에 어린 학생이 있다. 성인 대 성인의 관계라면 쉽게 해결할 문제인데, 학생이 개입하면 고민에 고민을 거듭한다. 선물이라는 작은 소재로 학원 경영 전반에 관해 다뤘다.

선물은 사람 마음을 전한다. 고마움의 표시인지, 우리 아이 잘 봐 달라는 뇌물인지 느낀다. 비율은 달라도 두 가지 마음이 어느 정도 섞여 있다. 일부 학부모는 내신 기간 전후, 스승의 날, 명절에 일류 호텔 숙박권, 현금, 귀금속 등을 보냈다. 되돌려 줬다. 기분 나빴는지…, 민망했는지…, 학원을 그만뒀다. 감사 선물과 뇌물을 골라 받고 싶지 않았다. 모두 받지 않았다.

원장 성격과 가치관에 따라 학원 색깔이 결정된다. 일과 삶에서 심플함을 추구한다. 내가 아니면 안 되는 일에 최대한 몰입한다. 의사는 진찰실에서 만난다. 의사가 전화 예약 받고, 수납하고, 문자 보내지 않는다. 학원을 경영하고, 학생 실력을 올리는 데 직접적으로 관련 없는 일은 하지 않는다. 주 업무에 몰입하고, 학생을 공평하게 대하고, 학부모에게 불필요한 신경 쓰게 하고 싶지 않았다.

## 학생을 위해서

선물 들고 온 친구를 보고, 한 학생의 얼굴이 어두워졌다. 학원 선생님에게 선물하는 것은 학부모의 선택이다. 아이가 졸랐을 수도 있지만, 최종 결정은 돈을 쓰는 부모가 한다. 학생이 선택할 수 없는 것으로 학생의 가치가 매겨져서는 안 된다. 내 교육 방침이다.

고등학교 3학년 담임 선생님은 선물을 책상에 늘어놓았다. 소포 꾸러미와 납작한 봉투도 여러 개 있었다. 상품권이나 현금이 들어 있었겠지. '너희도 선물 가져 와!' 말하지 않았지만, 말보다 선명했다. 혼자만 보면 될 것을 굳이…!

강사 교육 매뉴얼이다.

- 책상 위에 선물 받은 거 올려놓지 마세요.
- 학생 안 보이는 곳에 두세요.
- 카톡이나 SNS에 선물 사진 올리지 마세요.

선물 가져온 아이 손이 부끄러울까 봐. 학생을 위해 웃었다.

"어머니한테 감사하다고 전해 줘. 맛있게 먹을게."

나는 리액션이 크고 좋다는 표현을 조금 요란하게 한다. 선물 받고 좋아하는, 적어도 그렇게 보이는 나를 몇몇 학생이 물끄러미 바라봤다. 한 여학생의 눈빛이 익숙했다. 중·고등학교 시절 내 눈빛이었다. 사람은 누구나 다른 사람을 기쁘게 해주고 싶어 한다.

'나는 선물 못 드렸는데….'

'우리 엄마는 이런 거 안 챙겨주는데….'

학부모 선물로 학생 얼굴이 어두워지는 일은 없어야 한다. 선물 받지 않는 90%의 이유다. 학생 자체만으로 귀하다. 6학년 1학기까지 부모님 재산이 나를 빛내주었다. 중1부터는 내가 나를 빛나게 했다. 내 학생도 충분히 그러리라 믿는다.

## 선생님을 위해서

스승의 날이었다. 퇴근하는 선생님들과 웃으며 인사를 나눴다. A반 선생님은 양손이 무거웠고, B반 선생님은 가벼웠다. 선물이야 가방에 넣었을 수 있지만, 상황이 짐작됐다.

'나는 왜 인기가 없지?'

'내가 뭘 잘못 가르쳤나?'

행복해야 할 스승의 날인데 선생님 얼굴은 밝지 않았다. 담당 학생에게 사비로 간식 사주는 것도 금지했다. C반 선생님은 간식 주는데, D반 선생님은 안 주면 학생들 사이에서 말이 나온다. 선생님끼리 비교된다. 내게 주는 선물도 마음만 받는다. 수업과 학생 관리에 몰두할 수 있는 환경을 주고, 비교되어 위축되는 일이 없도록 했다.

## 학부모를 위해서

스승의 날을 앞둔 어느 날, 핸드폰이 울렸다. 초2 딸을 둔 후배였다.

"5만 원 상품권 보낼 건데 좀 적은가?"

"너무 과하지 않아? 삐뚤빼뚤 손 편지가 최고야. 꼭 하고 싶으면 1만 원대에서 해."

"여기 엄마들은 5만 원이 기본이야. 내가 제일 적게 하는 거야."

나도 그렇고 지인 원장님들 중에 학부모 선물을 바라는 분은 없다. 부담돼서 안 받았으면 좋겠다고 한다. 선물 받았다 해서 해당 학생을 특별 대우하지 않는다.

원장과 강사에게 같은 선물을 해도 될까? 원장한텐 더 좋은 거해야겠지? 마음에 안 들어 하면 어쩌지? 안 쓰는 거 아닐까? 금액대는 얼마로 할까? 이건 많이 받으실 텐데. 나만 안 보내는 거 아니야? 우리 애만 덜 예뻐하면 어떡해? 학원도 차라리 김영란법 적용되면 좋겠어!

다른 사람이 선물하는 걸 보면 '나도 해야 하나!' 싶다. 남들도한다니 마지못해서 한다. 이런 하지 않아도 될 고민, 없애고 싶었다. 매달 제날짜에 교육비 챙겨주는 것만으로 감사하다.

학부모가 보내는 문자 한 통, 학생이 써주는 손 편지면 충분하다. 공식적으로 선물 금지 구역으로 선포했다. 서운해하는 학부모도 있었지만, 절대다수의 학부모는 내 꼬장꼬장한 경영 철학을 신뢰했다. 학부모, 학생, 강사, 원장이 각자의 역할에 집중했다. 순도 100%의 교육 마인드로 학생을 대했고, 실력을 성큼 올려놓았다. 마음 주고 마음 얻었다. 모두가 행복한 학원으로 한층 다가갔다.

# 하인리히 법칙과 교육비 미납 방지 10계명

대형 사고가 일어나기 전에 그걸 암시하는 수많은 가벼운 사고와 징후들이 먼저 나타난다. 하인리히 법칙(Heinrich's Law)이다.

학원 경영 23년 차를 통틀어 가장 최악의 일은 1장에 적은 교육비 연체 조울증 학부모 사건이다. 내가 감당해야 했던 암은 그 사람이 줬다고 생각했다. 암이란 녀석은 복합적인 원인으로 생기겠지만, 적어도 갑자기 공격해 오진 않았을 것이다. 칼 들고 찾아오기 전, 2년간 크고 작은 사건을 일으켰다. 징후들이 첫 달부터 여러 차례 드러났다. 단호하게 처리하지 못해서 결국 대형 사고로 이어졌고, 건강을 잃었다. 교육비 미납으로 속병 앓는 원장이 없기를 바란다. 행복한 일터여야 할 학원엔 웃음소리만 났으면 좋겠다.


"당연히 받아야 할 돈인데, 달라는 말이 안 나와요."

지인들 미납 고민이 남 일 같지 않다. 나도 돈 이야기를 10년이나 당당히 꺼내지 못했다.

날짜가 지나도 묵묵부답인 학부모

준다 준다 하면서 한두 달은 우습게 미루는 학부모

납부해 달라고 하면 화내는 학부모

교육비로 속 썩이는데 학생을 편히 대할 수 없었다. 교실에서 '못 받은 돈'을 떠올리고 싶지 않았다. 학생에게 최선을 다하기 위해, 받아야 할 돈 제때 받기로 했다. 도저히 떨어지지 않을 줄 알았던 입이 열렸다. 갖가지 사고를 겪고, 돈 잃고, 정신이 피폐해지고, 몸이 망가지고 나서야 권리를 찾았다. 미납률이 점점 줄어들어 결제일 내 결제 비율 100%가 되었다. 꿈에서라도 오픈 1년 차로 돌아간다면, 학원의 행복한 일상을 하루라도 더 누릴 것이다. 교육비 미납의 하인리히 법칙, 처음부터 차단하길 바란다.


## 1. 첫 수업료가 중요하다

교육비로 문제를 일으킨 학부모의 90%가 첫 달부터 늦게 냈다. 하인리히 법칙의 첫 번째 징후다. 첫 달 교육비를 제때 낸 학부모는 몇 년을 다녀도 늦지 않았다. 첫 달부터 늦은 학부모는 다니는 내내 그랬다. 습관이다. 말하기 껄끄러워서 줄 때까지 기다렸다. 스트레스는 온전히 내 몫이었다. '교육비 납부 전 수업 불가' 방침을 첫 달부터 확실히 해야 한다. 대충 넘어가면, 그래도 되는 학원이라 인식한다. 우리 학원을 만만한 곳으로 만들지 않을 사람, 원장뿐이다.

## 2. 주기적으로 교육비 시스템 안내하기

분기마다 중요한 규정(교육비, 보충, 시간표 등)을 반복해서 안내한다. 학원을 여러 군데 보내서 학부모도 혼동한다. 등록 시 안내했던 결제일, 결제 방법, 환불 규정을 석 달에 한 번, 적어도 일 년에 두 차례는 공지한다. 전에 말했으니 아시겠지! 이건 내 생각이고, 상대방은 모른다. 학부모가 잘 챙길 수 있게 체계적으로 반복해서 알렸다. 내가 적극적으로 나섰더니 결제비율이 점점 높아졌다. 작정하고 고의로 연체하는 일부 학부모를 제외하고는 원장 하기 나름이었다.

## 3. 지인 소개에 약해지지 말기

소개로 들어오면 교육비 얘기 꺼내기가 어려웠다. 이종사촌, 고종사촌 회원이 많았다. 학부모끼리 형제자매, 친인척이다 보니 원칙대로 하지 못했다. 이번만 그냥 넘어가자. 다음엔 제때 내겠지. 아니! 이번에 제때 내지 않는 사람, 다음에도 똑같다. 속 끓이느라 밤

잠 설쳤다. 경영과 수업에 최선을 다하지 못하느니 냉정해 보여도 받을 돈 제때 받는 게 백배 낫다.

### 4. 오래 다닌 회원에게도 명확히

돈 얘기 앞에선 안 그래도 쪼그라드는데, 장기 회원이 미납하면 소멸할 지경이었다. 오래 다녔으니 장학금 줬다고 치자. 마음을 비웠다. 학생과 쌓인 정 때문에 학부모와 갈등이 있어도 참았다. 좋은 게 좋은 거라고 아무렇지 않게 대했다.

여기까지라면 다행이다. 어찌 된 일인지, 바라는 게 점점 많아졌다. 하나를 줬더니, 왜 두 개를 안 주냐고 불평을 늘어났다. 가만히 있으면 가마니로 본다더니, 딱 그 꼴이었다. 교육비 안 낸 학부모 봐주면, 교육비 낸 학부모가 피해를 본다. 이것만 생각하기로 했다.

### 5. 카드 가져왔는지 학생에게 확인하기

비대면 결제를 도입하기 전에는 카드를 자녀 편에 보내는 학부모가 70% 이상이었다. 비대면 결제 도입 후 현장 결제 비율이 줄었지만, 여전히 30~40%는 카드를 보낸다. 주머니에 카드가 들어 있는데 그냥 가는 학생이 많았다. 아이들은 아무 생각이 없다. 친구가 카드 내미는 걸 봐도 그냥 간다. 선생님이 먼저 챙겨야 한다. 학부모도 카드를 보냈는데 자녀가 그냥 오면 신경 쓰인다.

"카드 가져왔는데, 그냥 가는 학생이 많습니다. 학원에서 먼저 챙기겠습니다." 문자를 미리 보내놓는다. 신입생 안내문에도 이런 매뉴얼대로 교육비 확인한다고 안내한다.

### 6. 하루도 기다리지 마라

"교육비 하루 늦었는데 학원에서 연락 왔더라. 기분 별로야."

"나도 마감일까지 결제 안 하면 바로 연락해. 등록하는지 안 하는지를 알아야 다음 달 계획을 세울 거 아냐. 교재 안내를 하든지, 대기 학생에게 연락하든지 하지. 약속 안 지킨 건 너야. 기분 나빠야 할 건 학원이라고."

내 단호한 태도에 친구는 움찔했다. 교육비 마감 기한이 지나도 인정상 일주일 기다렸다. 왠지 그래야 할 것 같았다. 기다리는 동안 수업에 집중하지 못했다. 제날짜에 교육비 준 학부모와 학생에게 미안했다.

지나간 일은 웬만해선 후회하지 않지만, 교육비 줄 때까지 기다리느라 허비한 시간은 되돌리고 싶다. 마감일까지 결제하지 않으면, 당일 저녁에 연락하거나 늦어도 다음 날 확인한다. 학부모에게도 이렇게 진행한다고 첫 등록 시 안내한다.

### 7. 형제자매 회원 미납에 더 신경 써라

미납 금액이 쌓이면 내려는 생각이 점점 없어진다. 숙제가 조금일 때는 할 만하다. 쌓이기 시작하면 금세 손댈 수 없을 만큼 늘어난다. 결국 두 손 놓아버리고 학원을 그만둔다. 교육비 연체도 마찬가지다. 형제자매 회원 특히 중고등 회원 미납은 주의해야 한다.

### 8. 원장의 의무도 다하자

학부모가 현금영수증 필요 없다고 해도 국세청 자진 발급 번호(010-000-1234)로 발급해야 한다. 필요 없다는 말에 발급하지 않았는데, 나중에 요구해서 곤란해진 경우를 종종 보았다. 받은 돈 제대로 성실 신고하자. 그래야 원장도 학부모에게 떳떳이 요구할 수 있다. 학부모에겐 제날짜에 칼같이 교육비 달라고 하면서, 정작 자기 자녀 학원비는 습관적으로 늦게 내는 원장이 있다. 상대에게 바라는 건 내가 먼저 실천하자.

### 9. 할인, 하지 마라

재학생 소개로 오거나, 가정 형편이 어렵거나, 원장 지인이면 할인을 고민한다. 같은 학년, 같은 레벨인데 1만 원이라도 금액이 다르면 기분 좋을 학부모는 없다. 객관적이고 투명하게 밝힐 수 있는 학원 공식 할인(형제 회원, 성적 장학금 등) 외에 비공식 할인은 없다.

## 10. 단순하게 생각하라

"원장님, 무슨 일 있으세요?"

"미납 문제가 좀 있는데…, 얼굴에 표시 났어요?"

"제가 납부해 달라고 전화할까요?"

"네? 실장님이요?"

"예전 학원에서 매일 하던 일이에요. 어려운 거 전혀 없어요. 아이는 계속 보내고 교육비는 안 주는 학부모가 문제죠. 내라고 하는 건 당연하잖아요. 마트에서 돈 안 내고 물건 집어 오면 안 되잖아요."

실장은 예전 학원에서 수납·미납 업무를 담당했었다. 실장의 말은 교육비 마인드를 단순하게 바꾸는 데 도움을 줬다. 그녀는 단순하게 생각했고, 나는 꼬리에 꼬리를 무는 생각에 갇혀 행동하지 못했다. 그 당연한 걸 못 해서 수화기를 들었다 놨다, 문자를 썼다 지웠다. 휴우~!

돈 내랬다고 기분 나빠하면 어떡하지.

내일 줄지도 모르니까 하루 더 기다려볼까.

지금 형편이 안 좋을 수도 있잖아.

혹시 아이한테 카드 맡긴 거 아닐까.

바빠서 잊어버렸을 거야.

설마 일부러 늦게 주겠어?

오늘 금요일인데⋯ 주말 지나고 말하지 뭐.

어떻게 월요일부터 돈 얘기를 해. 화요일이 낫지.


생각 쓰레기에 매몰되어 허우적댔다.


못 받은 건 나였다. 기분 나쁘고 화를 내야 하는 건 나였다. 그런데 학부모 눈치 보고, 배려하고, 상상하고, 학생과의 정 때문에 이러지도 저러지도 못했다. 단순하게 생각하려 '노력'했다. 실체가 있는 대상을 차단하는 것보다 보이지 않는 감정과 생각을 막으려면 더 독해야 했다. 교육비 얘기할 때는 실장의 마인드를 빌리기로 했다.


감정은 빼기, 팩트는 더하기, 행동은 곱하기.

# 교육비 책정, 인상, 환불

학원과 교습소는 개인사업이지만, 교육비는 나라에서 기준 금액을 정한다. 창업 지역 교육청에서 '1분당 기준 금액'을 확인한다. 지역, 학원 형태(교습소, 학원, 어학원), 수강 나이, 과정에 따라 다르다. 서울과 경기도 몇몇 지역을 보면, 초등부는 160~180원, 중등부는 180~200원, 고등부는 200원 초반대이다. 어학원은 교습소와 학원보다 분당 가격이 대체로 높다.

교습비를 정할 때, 교육청이 제시한 1분당 금액, 수업 시간, 지역 평균 학원비를 참고한다. 교습비 신고 내역을 외부인이 확인하도록 학원 밖에도 게시한다. 의무 사항이다.

■ 교육비 책정 예시

특정 지역의 1분당 금액, 특정 학원의 교육비가 아니다. 이해를 돕기 위해 임의로 책정한다. 학원에서 교재비를 별도로 받지 못한다. 교재는 학생이 개별 구입한다.

- 지역 1분당 기준 금액

  초등부 160원, 중등부 190원, 고등부 200원

- 교습비 산출 : 교습비 ÷ 총 수업시간(분) = 1분당 금액

  초등부 : 190,000원 ÷ 1,200분 = 158.3원

  (지역 1분당 금액 160원을 넘지 않아야 한다)

| 교습 과목 | 총교습 시간 (분 / 월) | | | | 1분당 단가 | 교습비 |
|---|---|---|---|---|---|---|
| | 1회(분) | 1주(회) | 한 달 | 총(분) | | |
| 초등 영어 | 60분 | 5 | 20회 | 1,200분 | 158.3원 | 190,000원 |
| 중등 영어 | 120분 | 3 | 12회 | 1,440분 | 180.5원 | 260,000원 |
| 고등 영어 | 150분 | 3 | 12회 | 1,800분 | 194.4원 | 350,000원 |

■ 교육비 인상

교육비 달라는 것만큼 입 안 떨어지는 것이 인상 얘기다. 1만 원 올려도 몇 달 전부터 고민한다. 교육비/커리큘럼/시간표 등 중요한 변경 사항은 한 달~한 분기 전에 처음 공지한다. 그 이후로 실행되

기 전까지 두 차례 더 알린다. 인상 이유와 어떤 점이 달라지는지 적
는다. 우리 학원은 기존 회원은 3~6개월 유예 기간을 두고, 신입생
부터 인상 금액을 적용한다.

예비 중1, 예비 고1은 1월부터 중등부, 고등부 교육비를 받는다.
몇 달 앞서 상급 과정을 시작하는 학생들도 있는데 같은 시기에 인
상한다. 인상 기준을 학년에 따를지, 과정에 따를지는 학원 상황에
맞게 정한다. 중3이지만, 수능을 공부하는 학생에게 중등 교육비를
받을지, 고등부 교육비를 받을지 명확히 해야 한다. 학부모는 학년
별 교육비라고 생각했는데, 고등부 금액을 요구하면 당황할 것이다.
첫 상담 시 명시해 두자.

■ 환불

분당 교육비처럼 환불 기준도 정해져 있다. 교습비 신고 내역과
환불 기준표를 같이 게시한다. 규정을 철저히 지키는 학원도 있고,
학부모와 관계를 생각해서 줄 의무는 없지만 환불하는 사례도 있다.
환불 규정이 있다는 걸 모르는 학부모가 많다. 수업 못한 만큼 달라
고 큰소리치는 학부모도 있었다.

"나라에서 정해준 대로 교육비 받고 있어요. 더 받아야 하지만,

나랏법 따르고 있습니다. 환불도 나라에서 정한 대로 해야 맞죠. 수업 2분의 1 지났어요. 환불 의무 없습니다."

한 학생이 학원 CD 플레이어 여러 대를 고의로 파손하고 그만뒀다. 새로 들여놓은 것만 골라 그랬다. 학부모조차 사과 한마디 없었다. "아이가 그럴 수도 있죠." 남은 수업료를 달라며 오히려 큰소리쳤다. 환불 얘길 꺼낼 것이 아니라, 사과부터 해야 하는 게 아닌가.

학부모의 기세등등함을 잡은 건 CCTV였다.

"남은 교육비 돌려받으시려면 사과 먼저 하시고 정중하게 요청하세요. 그리고 학원 방문하세요. CCTV 함께 보시죠."

파손하는 장면이 찍힌 CCTV를 볼 용기는 없었나 보다. 환불 기준은, 이런 학부모에게서 학원의 권리를 지켜준다. 학원 내부와 외부에 게시하고 있지만, 첫 수업 전에 개별적으로도 안내한다.

| [학원의 설립·운영 및 과외교습에 관한 법 제18조3항. 별표4] 참고 | |
| --- | --- |
| 환불 요청 시점 | 환불 금액 |
| 교습 시작 전 | 전액 |
| 전체 교습 시간의 1/3 경과 전 | 수강료의 2/3 |
| 전체 교습 시간의 1/2 경과 전 | 수강료의 1/2 |
| 전체 교습 시간의 1/2 경과 후 | 환불금 없음 |

# 학원 파티 에티켓

파티 한 번 할 때마다 일주일 앓아누웠다.

'이제 그만 하자. 꼭 해야 하는 것도 아니잖아.'

학생 얼굴이 스쳤다. 킥킥거리며 웃음 터지는 걸 애써 감추는 녀석들. 이벤트 날짜를 발표하는 순간부터 학생은 그날을 손꼽아 기다린다. 얼굴에 '설렘'과 '행복'이 둥둥 떠다닌다.

'그래…, 저렇게 좋아하는데…, 내가 고생 좀 하자.'

학부모 대부분은 안다. 수업이 훨씬 편하다는 것. 학생을 위해 수고를 마다하지 않는다는 것.

고운 눈으로 봐주고 응원 보내주는 학부모만 있으면 좋으련만….

"파티도 가끔 해줘야 애들 안 떨어지죠."

"이벤트도 교육비에 포함되어 있잖아요."

꼭 초를 치는 학생과 학부모가 있었다. 아홉 명이 좋다고 해도 생각 없이 내뱉는 한 명 때문에 이벤트 준비할 맛이 나지 않았다. 초보 원장일 땐 벙어리 3년, 귀머거리 3년을 보냈다. '학생이 뭘 알아. 어른이 참아야지.' 배려가 권리인 줄 아는 학부모와 학생의 요구를 참아냈다. 들어도 못 들은 척, 말하고 싶어도 못 하는 척. 화병을 얻었다. 이건 아니다 싶었다. 내 권리 내가 챙기기로 했다.

규칙을 만들고 참가 자격 있는 학생만 초대했다.

"학생 떨어질까 봐 겁나서…, 파티하는 거 아닙니다. 대기 학생 있는 거 아시죠? 그만두지 않아 고민입니다. 6개월 대기 중인 아이도 있습니다. 기다리라고 하기 미안할 정도예요. 학생이 좋아한다는 이유 하나로 돈 쓰고 에너지 쓰고 잠 못 자며 준비해요. 교육비는 수업에 대한 비용입니다. 수업 시간에 파티하지 않아요. 참석하지 않아도 손해 보는 것 10원도 없으세요. 참석, 무리하지 마세요."

이벤트 때마다 트집 잡는 학부모에게 문자를 보냈다. 기분 나빠 그만둘 줄 알았다. 그 후로 아무 말 없었고, 그 집 아이는 매번 파티를 즐겼다. 가장 많이 먹고, 가장 좋아했다.

파티나 시험 보충은 명절 증후군과 같다. 허리 한 번 못 펴고 전부쳤더니, 밥상머리에서 맛없다고 투덜거린다. 손 하나 꼼짝도 안 했으면서! 명절증후군이 왜 생겼으며 김장철을 왜 싫어하는가. 가족을 위한 노동이 '당연시될 때' 어떤 기분인가. 학생을 위해 휴식 시간 반납하고 열과 성의를 다하는데, 적어도 기운 빠지는 말은 들을 이유 없다. 듣지 않을 권리, 원장인 내가 찾았다.

## 이벤트 원칙 4

### 1. 수업 시간에 하지 않는다

교육비에 해당하는 수업 시간은 반드시 지킨다. 12회 차 보충 수업까지 하고 남는 요일, 수업 후 늦은 저녁에 주로 한다. 평일에 도저히 안 되면 주말에 한다. 수업 시간에 이벤트 하는 걸 못마땅해하는 학부모도 있다. 지인이 볼멘소리 했다.

"왜 파티를 수업 시간에 하냐고. 난 싫은데. 그냥 수업이나 했으면 좋겠어."

"학원도 파티보다 수업하는 게 백 배 편해. 아이들이 좋아해서 힘들어도 하는 거야. 시간, 돈, 노동이 얼마나 드는데. 일주일 앓아 누워!"

다른 학원 편을 들어주었지만, 수업 시간엔 수업만 한다.

## 2. 아끼지 않는다

이날만큼은 먹고 싶은 거 원 없이 사준다. 초등 6학년 남학생이 다른 학원 파티에 참석했던 경험담을 들려줬다. 날씬한 옛날 통닭 한 마리 시켜 주고 네 명에게 먹으랬다고 투덜댔다.

"먹을 게 많았겠지."

"아니에요. 그것만 있었어요. 과자랑 음료수는 우리 보고 사 오라고 했고요."

옆에서 듣고 있던 학생이 거든다.

"저 형 말이 맞아요. 그랬어요."

"작은 거라도 주시면 감사히 먹어."

학생 앞에서 다른 학원에 관해 이러쿵저러쿵하지 않는다. 직접 본 것도 아니니, 들어주기만 한다.

속으로만 생각했다.

'남학생 네 명한테 통닭 한 마리…? 그것도 7천 원짜리 날씬한 옛날 통닭…'


## 3. 친구 초청 파티는 하지 않는다

"원장님, 파티 때 친구 데리고 와도 돼요?"

"친구…? 친구를 왜?"

"다른 학원은 파티할 때 친구 데려오래요."

"우리 학원은 아니야. 우리끼리 파티야."

친구가 다니는 학원 파티에 간다며 결석하는 학생이 있다. 우리 학원은, 재학생만 파티에 참석할 '특권'을 누린다.

### 4. 자격 되는 학생만 초대한다

"맛없어요."

"재미없어요."

듣는 순간, 파티고 뭐고 다 그만두고 싶었다. 다른 학생을 위해 속상한 마음을 밀어 넣었다. 한술 더 뜨는 학생이 있었다.

"이거 우리 엄마가 돈 주는 거잖아요!"

그냥 넘어갈 수 없었다.

"안녕하세요. 학부모님께 협조 부탁드립니다. 파티 때마다 투덜거리는 학생들이 있습니다. 그만할까 하는 마음마저 듭니다. 행복한 추억을 주고 싶어서 준비합니다. 이 이유 하나입니다. 고맙다는 말은 기대하지도 않습니다. 기대를 얻고자 파티하는 게 아니니까요. 단, 선생님과 친구에게 불쾌한 말 하지 않을 학생, 먹을 거 없다, 맛없다 불평하지 않을 학생들만 참가할 수 있습니다. 만약 그런다면, 다음 파티부터는 초대하지 않겠습니다."

공문이 나갔던 해, 학생들의 태도가 달랐다.

"감사합니다."

"잘 먹었습니다."

모든 학생에게 들었다. 학부모가 학생에게 주의를 준 것이다. 신뢰가 쌓여 있다면, 원장 마음을 이해 못할 학부모는 없다. 문자를 보냈더니 공감, 위로, 협조 약속을 보내주었다.

"수고 많으시죠, 원장님. 안에서 새는 바가지 밖에서도 샐까 늘 걱정이었어요. 윤식이가 집에서 하는 행동이랑 똑같아요. 주의시키겠습니다."

참지 말고, 끙끙 앓지 말고, 학생에 관한 건 학부모와 의논하고 협조를 구했다. 이벤트에도 시스템을 입히면 즐거운 추억으로 남는다. 규칙 지키기. 여럿이 모인 곳에서 가장 중요하다.

# 우리 학원 인테리어 공식 : 추러스

첫 교습소는 30년 된 상가였다. 깜빡거리고 수명 다한 형광등이 절반이었다. 좁고 낡은 곳을 깨끗하고 환하게 만들고 싶었다. 1~2만 원 여윳돈이 생기면 형광등을 하나씩 갈아 끼웠다. 깜빡거리는 것부터 교체했다. 그다음 불 나간 형광등을 교체했다. 몇 배 환해졌는데도 욕심이 생겼다. 천장 사이사이 빈 곳이 보였다. 십자 모양, 일자 모양 형광등을 추가로 설치했다. 가장 적은 비용으로 우리 학원을 빛내 줬다. 세상에서 제일 깨끗하고, 환한 공간으로 바꿔갔다. 형광등이 켜질 때마다 내 꿈도 환해졌다.

## 인테리어 대신 장학금

오픈 3년 차부터 100만 원짜리 샹들리에도 주저 없이 샀다. 첫 교습소에서 당한 설움을 씻어냈다.

'코를 납작하게 해줄 거야.'

'학원에 들어서는 순간 입이 떡 벌어지게 할 거야.'

입구에 들어서면 상담실이 바로 보였다. 한눈에 봐도 비싸 보이는 조명을 달았다. '조금만 더 조금만 더' 하다 인테리어 비용은 늘 예산을 뛰어넘었다.

세 번째 확장 이전할 때 인테리어에 5천만 원을 썼다. 4년 뒤에 나올 때 3백만 원 받았다. 이 이후로 책걸상엔 아낌없이 투자하지만, 인테리어에 돈 쓰지 않는다. '남의 상가에 비싼 돈 들이지 않겠어. 인테리어 할 돈으로 학생에게 장학금 더 주자' 마음 굳혔다. 교육비의 5~10%는 우리 학원 고객 모두를 위해 쓴다. 누구는 받고, 누구는 받지 못하는 일은 없다.

큰돈 들이지는 않아도 실속 있는 인테리어로 변화를 준다. 3~6개월마다 책걸상·책장 배치를 달리하고, 계절용 소품으로 변화를 준다. 우리 학원이 365일 살아 있다는 걸 내부 고객에게 알린다. 결제하러 오는 학부모에게 자주 듣는다.

"또 바뀌었네요. 훨씬 넓어 보이고 좋아요."

방문할 때마다 원장 손길이 느껴지는 학원, 늘 똑같은 학원. 어떤 학원에 신뢰가 갈까? 변화 없으면 고객은 불안해한다.

## 우리 학원 인테리어 공식 : 추러스

학생 손 편지, 손 그림이 우리 학원 최고 인테리어다. 값을 매길 수 없으니 이보다 값진 소품은 없다. 람보르기니는 세계에서 몇 대 생산하지 않기 때문에 비싸다. 우리 학생 작품은 람보르기니 이상이다. 성인이 된 제자가 놀러 오면 어릴 때 써 준 영어 편지를 보며 추억 여행을 떠난다.

"우리 꼬마 공주, 저럴 때가 있었네."

"쌤…, 저 서른 살이에요….."

오십 넘어도 내 눈에 초등학생으로 보일 듯싶다.

학부모가 방문하면 게시판에 있는 편지, 그림, 영작 등의 결과물을 유심히 본다. 아는 이름이 있으면 대화 풀어나가기 한결 수월하다. 그 학생이 소문난 우등생이면 등록하는 건 시간문제다.

"어머, 예진이 여기 다녀요? 우리 아이랑 5학년 때 같은 반이었어요. 인사성 바르고 아이도 똑똑해요. 예진이는 언제부터 다녔어요?"

상담 내내 화기애애하게 대화를 이어간다.

재학생도 수업 전후에 게시판 앞에 삼삼오오 모인다.

단어의 제왕은 누가 됐는지, 독서 감상화는 누구를 뽑았는지 대화가 끊이지 않는다.

"이번에 이 형아가 단어 1등 했어."

"와~ 진짜 대단하다. 어떻게 만점을 받아?"

"야, 너는 누구 뽑았냐?"

"나는 당연히 우리 누나지!"


원장 손길이 느껴지고, 선생님과 학생의 추억, 사랑(러브), 스토리가 깃든 인테리어면 충분하다. 이야기는 이야기를 불러오고 365일 활기찬 학원이 된다. 우리 학원 인테리어는 소박하지만, 추로스(Churros)보다 더 달콤하다.


추러스가 깃든 학생 작품을 게시한다.

청소를 깨끗이 한다.

형광등을 밝힌다.


우리 학원 인테리어 공식 세 가지는 고객의 마음을 끌어당기기에 충분하다.

# 완벽한 장소의 아이러니

지인이 경영하는 영어학원에 방문했다. 아파트 상가 4층 엘리베이터 문이 열리는 순간 귀가 먹먹했다. 피아노 치는 소리, 기합 소리가 쩌렁쩌렁했다. 영어, 피아노, 태권도 학원이 나란히 붙어 있었다. 오픈한 지 3년 차였고, 30평대 초반이었고, 학생 수는 90명이 넘었다.

"원장님, 상가 계약하실 때 소음 신경 쓰이지 않으셨어요?"

"완벽한 곳은 없으니까요. 오는 학생들만 열심히 가르치겠다는 생각이었어요. 처음엔 거슬렸는데 일에 집중하니까 안 들리더라고요."

"소음 때문에 상담하러 왔다 그냥 가는 학부모 볼 때마다 속상했거든요."

"저도 그랬죠. 할 수 없는 일에 속상해 봐야 시간 낭비, 감정 낭비죠. 웃긴 게요. 일에 몰두하거나 기분 좋을 때는 소음이 하나도 안 들려요. 기분 나쁜 일이 있잖아요? 그렇게 거슬릴 수 없어요. 주변은 바뀐 게 없는데 마음에 따라 극과 극이에요."

지인 원장이 잘 가르친다는 소문이 나자 서로 들어오려고 했다. 피아노와 태권도 학원에서 학생을 소개해줬다.

같은 상황이라도 누구는 참아내고 누구는 못 견딘다. 상가를 찾을 때, 감당할 수 있는 조건은 무엇이고 절대 양보 못 할 조건은 무엇인지 기준을 세웠다. 예상치 못한 하자를 만나더라도 중요하다고 생각하는 건 얻었으니 어느 정도의 불편함은 가볍게 느껴졌다.

### 꿈꾸던 완벽한 상가를 찾았다!

아파트 세대 수만 5천 이상
주민들 대부분이 지나다니는 길목
아파트 대형 상가와 딱 붙어 있는 개인 상가
반듯한 4층 건물의 2층, 한층 독점
넓은 창, 남향
1층은 커피숍, 미용실, 옷 가게, 3층 사무실, 4층은 주택

같은 건물에 소음과 냄새를 일으키는 가게가 없었다. 눈이 있으면 보일 수밖에 없는 자리에 간판이 있었다. 관리비는 없으면서 대형 상가의 이점을 누릴 수 있었다.

신입생 데이터를 보면, 2010년 무렵을 제외하고는 이곳에 있을 때 신입생 수가 가장 적었다. 아이러니하다. 꿈의 장소만 찾으면 일할 맛이 솟구칠 줄 알았다. 만족스러우니, 노력하지 않았다. 불편한 장소에 있을 때는 절실했다.

'외진 데 있으니 더 홍보해야지.'

'엘리베이터 없는 곳에 아이들이 오니까 더 잘해 주자.'

'소음이 심해서 학생도 예민할 테니 관심 가져주자.'

복불복. 어떤 이웃을 만날지, 상가에 하자가 있을지 없을지는 직접 겪어봐야 안다. 진상 이웃, 하자가 두려워 이사를 안 할 수는 없다. 이것저것 따지다간 평생 학원 자리 못 찾는다. 꺼리는 장소에서 대박 난 원장님도 있고, 남들 부러워하는 장소에서 폐업하는 학원을 봤다. 장소도 중요하다. 더 중요한 건 원장의 마인드와 행동력이다.

# 치킨 무와 에어컨에서 찾은 경영 노하우

대학 내내 스무여 군데 업체에서 일했다. 대박집과 쪽박집 모두 경험했다. 대박집과 우리 학원, 완벽하게 일치하는 두 가지 공통점이 있다. 투자와 황금률이다. 시간, 노력, 돈 세 가지 투자를 아끼지 않았다. 1순위는 무조건 '고객을 위해서'였다. 두 키워드를 하나로 연결하면, '고객을 위한 투자'다. 지금도 생각나는, 그때 그 시절 사장님 두 명의 일상 속 경영 철학을 소개한다.

황금률 : 예수가 산상수훈(山上垂訓) 중에 보인 기독교의 기본적 윤리관. 남에게 대접을 받고자 하는 대로 남을 대접하라는 가르침을 이른다. (표준국어대사전)

## 치킨 무에도 품격이 있다

2021년 어느 주말, 〈배달의민족〉 앱을 켜고 치킨 한 마리를 시켰다. 개인 브랜드로 19년째 한 곳에서 영업하는 곳이었다. 무가 다른 곳과 달랐다. 직접 만든 모양새였다. 무 하나도 장인 정신으로 만들었던 사장님이 떠올랐다.

대학 때 치킨집에서 무 써는 아르바이트를 했다. 처음 면접 보러 갔을 때 의아했다. 규모가 큰 줄 알았는데 15평 정도였다.

'이렇게 작은데 뭐 하러 아르바이트를 뽑아?'

'무 써는 거… 사장님 부부가 해도 될 텐데.'

'무 구입하고, 씻고, 아르바이트생 교육하고, 인건비 나가고… 그냥 공장 거 주문하면 훨씬 이득인데….'

그 시절 카페, 빵집 등 시간당 아르바이트 비용이 1,000원~ 1,200원이었다. 이곳은 1,500원이었다. 사장님은 내가 3시에 출근하면 흰 봉투에 그날 일당을 넣어 주었다. 당연히 마칠 때 줄 줄 알았는데, 출근 인사 끝나기 무섭게 내밀었다.

"바빠서 잊어버릴까 봐. 오늘도 잘 부탁해."

백화점 오픈런처럼 2시 영업 시작하면 손님이 기다렸다는 듯 몰려왔다. 포장과 매장 손님으로 북적북적했다.

돈 많이 주고, 일찍 주고, 사장님 부부 경우 바르고. 최상의 일자리였다. 한 가지만 제외하면 그랬다. 깐깐했다. 급여 높은 건 이유가 있었다. 출근하자마자 앞치마를 둘렀다. 뽀득뽀득 깨끗이 씻겨진 무를 썰었다. 조금이라도 예쁘게 썰지 않으면 잔소리가 날라 왔다. 정육면체 모양으로 반듯해야 했다. 무의 푸르스름한 부분이 조금이라도 섞여 있거나, 미세한 흠집이라도 있으면 손님 테이블에 내놓지 않았다. 고객에게 주는 것은 맛도, 신선함도, 모양도 최상급이어야 했다. 직접 만드는 이유였다. 첫 달은 갈 때마다 싫은 소리를 들었다. 속으로 따졌다.

'아니! 사장님! 닭이 중요하지, 무가 중요해요? 별것도 아닌데 왜 이렇게 깐깐하세요? 이 정도 흠집은 현미경 들이대야 보인다고요. 아무도 몰라요!'

첫 달엔 잔소리 듣고, 무 써느라 정신이 없었다. 다른 건 눈에 들어오지 않았다. 일이 손에 익었다. 여유가 생겼다. 무를 입에 넣고 '행복해하는 손님'이 보였다. 그제야 보였다. 고객을 사로잡은 건 '무'였다. 손님은 흠집 하나 없고, 새하얗고, 새콤달콤하고, 먹음직스럽고, 아삭거리는 무를 먹으며 대접받는 기분을 느꼈다. 사장님은 고객에게 반찬 하나 제대로 내놓으려고 시간, 돈, 노력을 아끼지 않았다. 몰입에 가깝게 정성을 들였다. 사장님은 손을 자주 씻었다.

'저러다 손 닳아 없어지겠네.'

체감상 10분에 한 번씩 씻는 듯했다. 고객은 사장이 손을 몇 번 씻는지 모른다. 누가 알아주지 않아도, 보고 있지 않아도, 지킬 걸 지켜나갔다. 작은 것에도 고객 만족을 위해 혼을 쏟았다. 책 속의 위대한 경영자보다 15평 개인 통닭집 사장님이 경영의 길을 보여줬다.

글을 쓰며 알았다. 내가, 치킨집 사장님을 닮았다. 업종과 시기가 달라도, 경영의 도는 변하지 않는다. 사장 눈이 고객을 향해 있으면, 사업은 길을 잃지 않는다.

### 에어컨 값 아끼려다…

커피숍 두 곳에서 일했다. 한 곳은 잘됐고, 다른 한 곳은 문 닫았다.

A 부자 커피숍 사장 : "손님이 한 명 있어도 에어컨 틀어. 손님 없어도 너희들 더우니까 눈치 보지 말고 시원하게 있어."

B 가난한 커피숍 사장 : "손님 세 명 되면 그때 에어컨 틀어."

A는 분점까지 냈다. B에선 급여도 받지 못했다. A 사장은 고객을 위한 투자를 아끼지 않았다. 내부 고객인 직원을 손님보다 더 신

경 썼다. 커피숍이 아무리 바빠도 식사 시간은 제때 챙겨주었고 반찬 가짓수가 항상 일곱 가지가 넘었다. 복날에는 삼계탕, 동짓날에는 팥죽, 생일엔 케이크를 줬다. 급여일엔 돈을 주며 고맙다는 인사를 전했다. 아픈 직원이 있으면 쉴 수 있게 해줬다.

B사장은 절약하지 말아야 할 것을 절약했다. 손님을 떠나게 했다. 몇 만 원이라도 쓸 데 써야 하는데, B사장은 전기세 아끼려다 몇 배 더 큰 손해를 봤다. 땡볕을 피해 시원한 곳을 찾아 카페에 들어왔던 손님은 인상 찌푸리며 발길을 돌렸다. 선풍기로 몇 시간을 버텨야 했던 나도 웃기 어려웠다. 계약 종료일만 손꼽아 기다렸다. B사장은 내부 고객, 외부 고객 모두를 잃었다. 그뿐인가? 커피숍도 잃었다.

아르바이트했던 쪽박집을 보면 공통점이 있었다. 처음엔 돈이 없어서 투자를 못 하는 줄 알았다. 경력이 쌓이니 가게 돌아가는 상황과 사장의 마인드가 보였다. 투자를 안 해서 돈을 못 버는 거였다. 돈이 부족하면 정성이라도 쏟아야 하는데, 그마저도 안 했다. 투자할 의지가 없다는 게 제일 큰 문제였다.

선생님과 학생에게 투자를 아끼지 않는다. 1년 이상 성실하게 근무한 선생님이 자기 계발 목적으로 학원에 등록하면, 학원비를 내

준다. 토익 시험 응시하면 원서비 주고, 전보다 실력이 향상되면 선물도 보낸다. 학생의 강점을 찾아 장학금을 22년간 지급했다. 우리 학원 교육비는 지역 평균보다 1~2만 원 낮다. 그런데도 교육비의 5~10%는 장학금, 교재 지급, 선물 등으로 돌려줬다. 잘하는 학생만 주지 않았다. 모든 학생에게 고루 주었다. 내 이익보다 고객 만족을 생각했다. 경영 내내 고객을 위한 투자 아끼지 않았다. 오래도록 잘 되는 이유다.

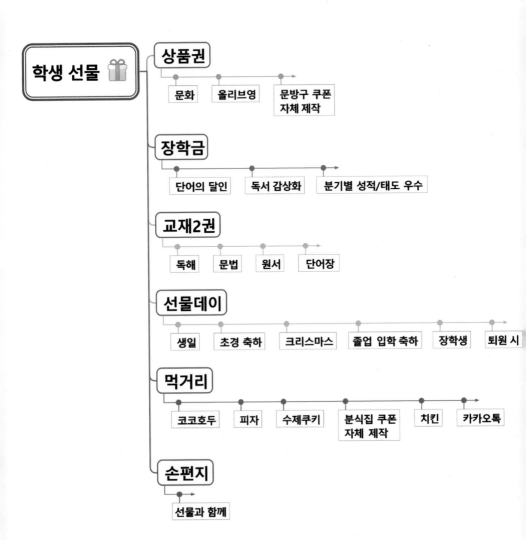

**학생 선물** 🎁

**상품권**
문화 · 올리브영 · 문방구 쿠폰 자체 제작

**장학금**
단어의 달인 · 독서 감상화 · 분기별 성적/태도 우수

**교재2권**
독해 · 문법 · 원서 · 단어장

**선물데이**
생일 · 초경 축하 · 크리스마스 · 졸업 입학 축하 · 장학생 · 퇴원 시

**먹거리**
코코호두 · 피자 · 수제쿠키 · 분식집 쿠폰 자체 제작 · 치킨 · 카카오톡

**손편지**
선물과 함께

# 아무도 내 학원을 지켜주지 않는다

자기 사업을 시작한 사람은 확고한 루틴을 갖고 있어야 한다. 사업이란 그야말로 허허벌판에 서서 고스란히 비바람을 맞는 일이다. 폭풍이 몰려올 때마다 부화뇌동하는 모습을 보이면 좌초하고 만다. 사업은 기복으로 점철된 세계다. 상승과 하락을 무한 반복하는 세계에서 최후까지 살아남는 자는 강철 같은 루틴의 소유자다.

《멘탈의 연금술》(보도 섀퍼)

얼어버렸다. 모든 문장이 나였다. 예비 창업자에게 해주고 싶은 메시지였다. '보도 섀퍼가 내 사업 인생을 들여다봤나?' 말도 안 되는 생각이 들었다. 허허벌판에 서서 고스란히 비바람을 맞았다. 폭

풍이 몰려올 때마다 부화뇌동했다. 좌초했다. 롤러코스터를 타는 듯 상승과 하락을 반복했다. 최후라는 단어를 쓰기는 이르지만, 22년 살아남았다. 강철 같은 루틴과 자존감이 생기면서 어떤 상황에도 흔들리지 않았다.

자존감과 회복 탄력성. 모두에게 중요하지만, 사업자에겐 호흡과 같다. 루틴이 두 가지를 길러준다. 나에게 루틴의 의미는 '나와의 약속을 지켜내는 것'이다. 매일 작은 성공을 해내면서 자존감이 올라갔다. 회복 탄력성이 따라왔다. 10년 차 무렵까지 루틴이 확고하지 않았다. 그래도 영어 단일 과목으로 300명 가까이 유지했다. 학원 안팎으로 문제야 늘 있었지만, 한두 달 지나면 회복했다. 열정과 의지로 감당할 만했다. 1장에서 언급한 세 가지 사건을 만나기 전까지는 그랬다. 차원이 다른 위기를 만나고 나서야 나를 지탱해 줄 견고한 무언가가 더 필요했다. 루틴이었다.

독서

매달 8~10권을 읽는다. 재독과 새 책 비율이 5:5이다. 병렬 독서를 좋아한다. 월~금요일에는 매일 여덟 개 분야의 책을 15쪽씩 읽는다. 경제 경영, 예술, 건강, 문학, 고전 인문, 에세이, 자기 계발, 학원 정보지 〈앤써통〉이다. 토~일요일에는 1~2권을 통독한다. 여러 권을 동시에 읽으면 헷갈리지 않느냐고 하는데, 한 책을 오래 잡고 있을 때보다 집중이 잘 된다. 주식 책에서 예술을 만난다든가, 경영서에서 논어를 발견할 때, 책 읽는 재미가 배가 된다.

2022년 5월에 학원 관계자 독서모임 〈학원별곡〉을 시작했다. '별곡'은 고전 시가(詩歌)를 뜻한다. 시와 노래는 우리의 삶을 반영한다. 〈학원별곡〉은 '학원을 사랑하는 사람들의 학원과 인생 이야기'라는 의미이다. 학원인의 자기 성장을 돕고, 경영에 필요한 시스템과 매뉴얼을 만들고, 사회 공헌에 동참하려 한다.

### 글쓰기

책 출간을 위한 글쓰기는 2020년 2월에 시작했다. 그전까지 글쓰기는 학원 관련 업무였다. 지금까지 A4 3만 장 이상을 내 손으로 썼다. 성적표, 매뉴얼, 소식지, 각종 공문, 교재를 만드느라 매일 A4 5~10장을 채웠다. 매일 몇 장이 쌓여 최소 3만 장이 되었다.

글쓰기는 시기에 따라 형태는 달랐지만, 내내 나와 함께했다.

- 다섯 살부터 열두 살까지 한문을 썼고,
- 중·고등학교 때는 부모님이 보고 싶어서 일기를 썼고,
- 20대에는 학부모와 학생에게 뭔가 해주고 싶어서 편지를 썼고,

- 30대에는 아파도 학원만은 지키려고 매뉴얼을 썼고,
- 40대에는 내 경험으로 학원인을 도우려고 쓴다.

한문, 일기, 편지, 매뉴얼 그리고 책…. 글쓰기는 다양한 모습으로 곁에 있었다.


## 운동

가만히 있으면 병난다. 꼬맹이 때부터 걷기와 달리기를 좋아했다. 중고등 학교 때, 공공 도서관에 자주 다녔다. 차비가 없어서 왕복 두 시간 이상씩 걸어 다녔다. 걷기는 그렇게 삶의 일부분이 되었다. 지금도 거의 매일 만 보 이상 걷는다. 연이은 수술과 치료에도 회복이 빠른 건 걷기 덕분이다. 다들 회복 속도에 놀란다. 건강한 사람과 비교할 수는 없겠지만, 체력이 좋은 편이다. 내가 걸었던 시간의 합이 건강을 지켜 주리라 믿는다.


## 영어 공부

가장 힘든 시기에 가장 하고 싶은 건 늘 공부였다. 학원이 하락기와 정체기에 있을 때 영어 공부에 매달렸다. 개인과외를 받았고, 학원에 다녔고, 스터디에 참여했다. 영어 과제를 올렸던 카페에 게시물이 1,217개가 쌓였다. 10여 개만 질문이고 나머지는 한 개에 평균 세 시간 분량 과제다. 3년 6개월에 걸쳐 세 시간짜리 과제를

1,200번 했다. 한 곳에서 했던 과제만 이만큼이다. 배움의 기쁨이 크긴 큰가 보다. 잠을 3~4시간밖에 못 자며 하는데도 오히려 머리가 밝아졌고, 기운이 펄펄 났다. 10년 이상 공부하고 있는 영어 콘텐츠는 EBS 〈입이 트이는 영어〉, 〈귀가 트이는 영어〉, 〈파워 잉글리쉬〉, 〈이지 잉글리쉬〉 그리고 KBS 〈굿모닝팝스〉다.

　루틴은 보험이다. 내 몸과 마음을 위해 드는 보험. 오랜 기간 차곡차곡 부은 실비보험과 건강보험은 병원비를 보장해 줬다. 아플 때 돈 걱정하지 않고 치료받았다. 건강할 땐 필요 없어 보였고, 돈 아까웠고, 왜 드나 싶었다. 위험이 닥쳤을 때, 가장 먼저 찾았다. 매일매일 몸과 마음에 부은 루틴은 위기를 만났을 때 다시 일어설 수 있는 원동력이었다. 아무 일 없을 때는 그 가치를 몰랐다. 아무도 학원을 지켜주지 않았을 때, 가장 힘이 되는 건 내가 쌓아놓은 루틴이었다.

# 영어학원 경영 365

학원 경영은 학교 학사 일정, 공휴일, 국경일에 맞춰 업무를 진행한다. 1년~6개월 전부터 각 달의 주요 일정을 파악한다. 3개월 전부터 세부 업무 계획을 구체화하고 실천한다. 고등부까지 운영하는 우리 학원은 1년 내내 시험대비와 함께 그 달의 특성에 맞게 이벤트와 특강을 진행한다.

신학기가 되면 각 학교의 중간고사와 기말고사, 고등부 모의고사, 수행평가, 듣기 평가 일정부터 확인한다. 초등부를 위해 어린이날, 크리스마스, 핼러윈 데이 행사도 준비한다. 스무 해 넘게, 일이 지겨워서 시계를 본 적이 없다. 다이내믹한 업무를 해내는 만큼 성취감과 보람이 크다.

| 월 | 주요 일정 | 시기별 특징과 업무 |
|---|---|---|
| 1월 | 겨울방학<br>사업자 현황 신고<br>명절(설) | 집중 학습하기에 최적의 시기다. 학기 중에는 학교 과제, 수행 평가, 내신 대비로 바쁘다. 1월 초나 12월 말에 영어 실력을 객관적으로 평가한다. 방학 기간 학습량을 충분히 늘린다. |
| 2월 | 졸업<br>봄방학<br>신학기 홍보 | 일수가 짧은데 설 연휴까지 걸리면, 수업 시간이 부족할 수 있다. 1월과 3월, 날짜 여유 있는 달에 더 하거나, 주말을 이용하거나, 수업 일에 시간을 늘려서 보충 계획을 세운다. 한 달 전에 2월 수업 계획을 공지한다. |
| 3월 | 1학기 시작<br>입학식 | 새 학년에 적응하느라 학생이 힘들어하는 시기다. 특히, 초1, 중1, 고1 학생의 학교생활에 관심을 가진다. 과제 부담을 줄여주고, 변경된 일정이 있는지 확인한다. 학교 방과 후 수업, 야간 자율학습, 타 학원 시간표 변경 등으로 학부모도 마음이 분주하다. 간담회로 학부모 고민에도 귀를 기울인다. |
| 4월 | 중간고사 | 새 학년 첫 시험이다. 학부모와 학생 모두 기대와 긴장감을 가진다. 수업 전후에 짧게라도 학생과 개별 상담을 한다. 특히, 1학년 때 자유학년제를 보낸 중2에게는 조금 더 관심을 가진다. |
| 5월 | 어린이날<br>종합소득세 신고 | 타 학원 퇴원생의 상담이 많은 달이다. 중간고사 후 성적에 불만이 있거나, 점수가 잘 나와도 분위기 전환을 위해 옮긴다. 코로나 전까지는 어린이날 기념으로 패밀리 레스토랑이나 뷔페에서 외부 식사를 했다. 졸업생들이 성인이 돼서도 계속 이야기할 정도로 좋아했다. |
| 6월 | 기말고사 대비 | 기말고사 대비와 함께 여름 방학과 2학기 계획을 구체적으로 세운다. 6월 말부터 여름 방학 전까지 설명회를 개최한다. |

| 월 | 주요 일정 | 시기별 특징과 업무 |
|---|---|---|
| 7월 | 기말고사 실시<br>여름방학 시작 | 시험도 끝나고, 한 학기가 마무리되고, 여름 방학과 휴가가 있어 들뜨기 쉬운 달이다. 기말고사 결과로 개별 상담하면서 2학기 계획도 함께 얘기 나눈다. |
| 8월 | 여름방학 종료 | 개학 시기가 다르고, 휴가 등으로 결석이 많은 달이다. 주말, 1~2주 단기 특강 프로그램을 운영한다. 8월 중순, 고등부부터 중간고사 대비에 들어간다. |
| 9월 | 2학기 시작<br>추석 | 중간고사 대비에 몰입한다. 내신 준비 시작 전에는 항상 시험 대비 일정을 학부모에게 미리 공지한다. 보충할 때마다 학부모와 학생에게 문자 안내한다. 예비 중1과 고1 학부모에게 내년 1월부터 커리큘럼과 교육비가 달라진다는 점을 공지한다. |
| 10월 | 중간고사<br>핼러윈 데이 | 전형적인 핼러윈 파티는 하지 않는다. 골든벨 게임, 스펠링 비 대회, 한국과 외국 문화 알기 등의 이벤트를 진행한다. 우리나라와 각 나라 문화와 역사를 소개하고 퀴즈를 맞추는 프로그램 위주로 진행한다. |
| 11월 | 기말고사 대비<br>대학수학능력시험 | 수능 끝나고 학원생 대상으로 수능 모의고사를 실시한다. 레벨에 따라 듣기 평가 또는 듣기와 필기 전체를 본다. 겨울방학 집중학습, 특강, 내년 계획을 구체화한다. |
| 12월 | 기말고사 실시<br>크리스마스 | 학원을 주식회사라고 생각하며 경영한다. 우리 학원의 주주는 교육비를 투자하는 학부모다. 학원 경영에 간접적으로 참여하고 있다. 한 해 동안 학원에서 있었던 일을 알리고, 다음 한 해 굵직한 계획을 공지하며 감사 인사와 선물을 전한다. |

## 월별 주요 일정

### 1분기

**1월**
- **겨울 방학**
  - 4주 특강
- **사업자현황 신고**
- **전체 학생 레벨테스트**
- **단어의 달인 선발 대회**
- **신학기 광고 준비**

**2월**
- **신학기 집중 홍보**
- **졸업식**
- **봄방학**
  - 1주 단기 특강
  - 독서 감상화 그리기&전시

**3월**
- **입학식**
- **신학기 학생 개별 면담**
  - 일정표 확인
  - 학교 생활
- **학부모 간담회**
  - 초1, 중1, 고1
- **1분기 학습결과지**
  - 1,2월 집중학습 결과
  - 1,2월 특강 만족도 설문
- **1분기 홍보**

### 2분기

**4월**
- **중간고사**
  - 통신문 발송
  - 교재 제작
  - 주말 보충
- **중간고사 결과 분석**
  - 피드백&상담
    - 강사
    - 학생
- **에어컨 점검**
  - 청소

**5월**
- **어린이날 파티**
- **종합소득세 신고**

**6월**
- **기말고사 대비**
- **여름방학 특강 준비**
- **2분기 학습결과지**
  - 여름 방학
  - 특강 안내
- **2분기 홍보**
  - 설명회

### 3분기

**7월**
- **기말고사**
- **여름 방학**

**8월**
- **여름 방학**
  - 2주 특강
- **개학**
- 중간고사 대비
  - 고등부

**9월**
- **신학기 간담회**
  - 예비 중1
  - 예비 고1
- **중간고사 대비**
- **3분기 학습결과지**
  - 예비 중1, 고1 사전 안내
    - 1월부터 변동
    - 커리큘럼
    - 교육비
- **3분기 홍보**

### 4분기

**10월**
- **중간고사 종료**
- **핼러윈 이벤트**
  - 도전 골든벨
  - 스펠링 비

**11월**
- **기말고사 대비**
- **대학수학능력시험**
- **겨울방학특강 준비**
- **난방기 점검**
- **월동 준비**

**12월**
- **기말고사**
- **겨울 방학**
- **크리스마스 파티**
- **강사 개별 면담**
- **4분기 학습결과지**
  - 올해 정리
  - 내년 계획
  - 감사 인사
- **4분기 홍보**
  - 설명회

# 원장은 멀티 플레이어다

나는 학원 경영을 축구 경기와 비교한다. 원장은 감독, 강사는 코치, 학생은 선수다. 원장은 감독처럼 전체를 꿰뚫어 보고, 균형을 맞추고, 적절한 지시를 내린다. 경기를 승리로 이끌려면 팀워크가 중요하다. 학원이 성장하려면 원장, 강사, 학생이 한마음으로 행동해야 한다.

성장이 더디다고 느낄 때, 다른 분야의 시각을 빌어 학원을 본다. 그러면 상황이 객관적으로 보인다. 축구 경기에서 감독의 역할이 무엇이고, 코치와 학생에게 어떤 지시를 내리며, 팀을 어떻게 이끌어가는지를 비교해 본다. 내가 노력해야 할 점을 파악해서 바로 고친다.

소규모 학원에서는 업무 분담이 명확하게 이루어지지 않기 때문에 원장이 감독이고 코치다. 청소부터 인테리어까지 직접 해야 할 때면, 원장은 멀티 플레이어나 종합 예술인이라는 생각이 들었다.

책 쓰면서 기초 단어도 찾아보는 습관이 생겼다. player를 찾아봤다. 1번과 3번 뜻으로 주로 사용했었는데, 2번에 시선을 고정했다.

player

1. (게임, 운동경기) 참가 선수
2. (특정 사업, 정치 분야에서 활동하는) 회사(개인)
3. (녹음, 녹화) 재생 장치

멀티 플레이어
한 가지가 아닌 여러 가지 분야에 대한 지식과 능력을 갖추고 있는 사람

(네이버 어학사전)

학원 경영이 매력적인 것은 멀티 플레이어로 살아갈 수 있어서다. 때론 벅차지만, 그만큼 보람도 크다.  원장은 최소 일곱 개 분야 전문가다.

■ 교육자

1인 경영이나 소규모 학원에선 단연코 1순위 역할이다. 상담과 마케팅으로 학생이 등록해도, 관리에 소홀하고 실력 향상이 보장되지 않으면 몇 달 안에 그만둔다.

- 교재 선정, 진도 계획, 학생 태도 관리, 시간표 기획, 성적표 작성, 시험 관리, 출석 확인, 과제

■ 경제경영 전문가

코로나 이후 경제 전문가로서의 역량을 키우는데 더 많은 시간을 할애하고 있다. 금융 독서 모임, 경제 신문 읽기, 세무 특강, 스마트스토어 스터디 등에 참여하며 경제 흐름을 파악한다.

- 교육비 수납/미납 관리, 장학금, 현금출납부, 세무업무, 급여 정산, 상가 월세, 거래처 대금 결제

■ 인사 전문가

'좋은 강사 어떻게 뽑아요?' 제일 피하고 싶은 질문이다. 20년이 지났지만, 답을 못 찾았다. 겪어보기 전에는 모르겠다. 겪어본 후에도 모르겠다. 어제까지 웃으며 대화 나눴는데, 오늘 갑자기 사라졌다. 좋은 강사를 채용하는 것보다, 뽑은 강사를 교육하는 일에 집중한다.

- 강사/직원 면접, 교육, 업무일지 관리, 수업 시수, 강사 설문
  지/고과 평점 분석

## ■ 작가

수업 외에는 업무 대부분이 글쓰기 관련이었다. 앞에서 언급했
듯이, 학원 1년 차에 학원을 성장시킨 비결이 편지였다. 학부모도
전화보다 문자를 선호했다. 원장의 글쓰기 역량은 학원 성장에 도움
을 준다.

- 문자, 통신문, 성적표, 홍보 문구, 교재 개발

## ■ 콘텐츠 개발자

신규 상담 때 한 학부모가 불만을 쏟아냈다. "제가 영어학원 보
낸 거잖아요. 가서 문제집만 풀다 와요. 우리 아이도 영어학원이 수
학 학원 같다 그래요."

영어는 오감을 사용해서 습득하는 과목이다. 학년이 높아질수록
문법, 독해, 문제 풀이 위주로 공부가 단순화된다. 시험 기간에는 목
표에 맞는 학습법을 택하되, 그 외에는 영어 실력을 채워주고 끌어
주는 콘텐츠로 수업한다. 분기마다 학습 자료를 업그레이드한다. 같
은 콘텐츠를 100% 그대로 사용하지 않는다. 특히 초등 과정은 영어
자신감과 흥미를 높여 주는 게 궁극적인 목표이다. 영역과 학생 성

향에 맞는 학습 자료 개발에 힘을 쏟는다.

- 종이 교재/ 동영상 자료 제작, 정규 수업 커리큘럼/특강 프로그램/이벤트 기획

### ■ 마케터

'피할 수 없으면 즐겨라!' '마케팅' 소리만 들어도 골치 아프다는 원장이 많다. 학원 경영이 곧 마케팅이다. 별개로 생각하면 부담스럽다. 수업처럼 학원 경영의 일부라고 여기는 마음가짐이 필요하다.

- SNS, 웹 사이트, 홍보 자료 제작

### ■ 상담가

상담 없이 학생이 등록하는 경우는 거의 없다. 지인이거나, 재학생의 형제 회원은 생략하거나 간단히 하기도 하지만, 상담이라는 문을 통과해야 우리 학원 학생이 된다.

- 학부모 – 학생 학원 생활, 성적, 교육비
- 학생 – 학교생활, 교우 관계, 좋아하는 것, 힘들어하는 것
- 강사 – 급여 협상, 업무 분담, 교무일지

"왜 이렇게 할 일이 많아요."

창업한 지 1년 조금 넘은 원장이 푸념 섞인 문자를 보냈다.

"사장이 다 그렇지. 사장 손 안 가는 일이 어디 있니?"

책 쓰면서 업무를 쭉 정리해 보니 내 답장이 가벼웠구나 싶었다. 오랜 시간 해오는 일이라 익숙해서 많은 업무라고 생각하지 못했다.

모든 분야에 대해 풍부한 지식과 경험을 가진 사람을 제너럴리스트(generalist)라고 부른다. 특정 영역에서 전문성을 갖춘 사람을 스페셜리스트(specialist)라고 한다. 원장은 스페셜리스트이자 제너럴리스트이다. 각각의 분야에서 역량을 발휘한다. 학원 경영 전체를 바라보며 균형을 맞추고, 흐름을 파악하고, 계획을 세운다. 교육자이면서 사업가이다. 그야말로 멀티 플레이어다. 여러 분야의 지식과 능력을 갖출 수 있는 학원 경영, 매력 있다!

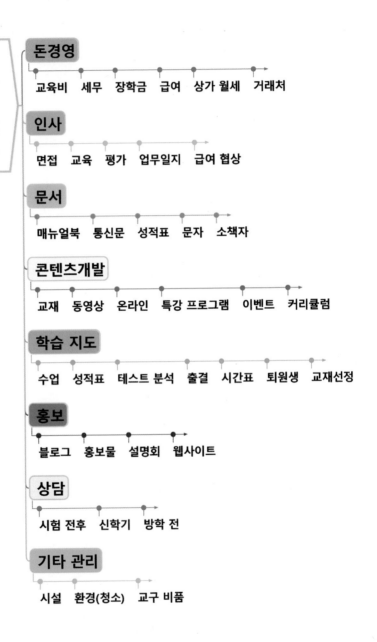

# 최상위권 학부모, 이런 점이 다르더라

공부 잘하고, 성품 바른 학생의 학부모는 네 가지 공통점을 가지고 있었다. '사실에 근거한 객관적인' 공통점이다.

첫째, 학원 규칙을 지키고, 경우에 어긋난 요구를 하지 않는다.

공동이 이용하는 곳에서 개인 사정 꺼내지 않는다. 지킬 건 지키고, 정당하게 요구할 건 요구한다. 결석에 대한 보충, 교육비 환불과 연기 등의 사유가 생기면, 학원 원칙을 존중한다.

둘째, 교육비는 틀림없이 제날짜에 준다.

계좌와 신용 카드 영수증에 찍힌 교육비 납부일만큼 명확한 증거는 없다. 성적표에 찍힌 등수와 교육비 납부 날짜를 보는 순간, 기분이 묘했다. '이런 것까지 일치하는구나.' 타인과의 약속을 지키는 부모를 보고 자랐으니 학생도 선생님과의 약속을 잘 지킨다.

셋째, 학원 교재 안내가 나가면 당일에 주문한다.

분기마다 교재를 안내한다. 가장 일찍 준비해 오는 학생은 어김없이 상위권 학생이다. 해야 할 일 미루지 않는 부모, 변명과 핑계를 대지 않는 부모 밑에서 묵묵히 자기 공부하는 자녀가 나온다.

넷째, 꼭 필요한 질문만 한다.

안내문을 보내면, 꼼꼼히 읽고 궁금할 만한 것만 질문한다. 다 나와 있는 날짜, 시간, 신청 방법, 비용 같은 건 묻지 않는다. 학생이 집중력과 정확성이 좋은 이유가 있었다.

위의 네 가지는 학부모에게 바라는 점이다. 상위권 학부모는 말하기 전에 먼저 지켰다. '교육비 제날짜에 주세요.' '교재 제때 주문해주세요.' '안내문 꼼꼼히 읽어주세요.' '보충은 당연한 것이 아닙니다.' 이런 문자를 보낼 필요 없었다. 어머니들은 흔히 말하는 '극성맞은 어머니' 이미지와 거리가 멀었다. 남의 말에 따라 자녀 교육을 이리저리 바꾸지 않았다. 느긋하게 기다려주고 멘토 역할을 했다. 학원을 믿고 맡기지만, 부모로서 가정에서 해줘야 할 것을 고민하고 실천했다. 시간, 돈, 관심을 지속해서 투자했다. 아이 성적을 자랑삼을 법도 한데 겸손했다.

## 내가 만난 가장 뛰어난 학생

수진이는 자기주도학습과 시간 경영의 달인이었다.

"안녕하세요, 원장님. 현준이 누나 수진이 보내려고요. 고1이에요. 예체능 외에는 학원을 한 번도 다닌 적이 없어요. 집에서 혼자 공부했는데 문법이 좀 막히나 봐요."

"수진이가 학원 다니는 걸 싫어했을까요?"

"학원 왔다 갔다 하느라 시간 낭비하는 게 싫대요. 그 시간에 만화책 읽고 쉬고 싶어 했어요. 학원 다니면 다른 친구들도 신경 쓰여서 자기 공부에 집중 못 한다고 혼자 하는 게 좋대요. 고등학생 되니 영어 난도가 높아져서 방향을 제대로 잡고 싶어 해요. 많이 부족합니다. 잘 부탁드려요."

어머니가 수진이 성적을 겸손하게 말해서 중하위인 줄 알았다. 학원 신입생 테스트는 원래 실력보다 대체로 낮게 나오는데, 수진이는 만점에 가까웠다. 영작 시험에서 3인칭 단수를 챙기는 학생은 드물다. 수진이는 모두 맞았다. 중학 3년 내내 전교 1, 2등만 했었다. 고등학교 첫 모의고사에서도 1개만 틀렸는데 문법 문제였다. 우리 학원은 문법 잘 가르치기로 소문났고, 그래서 다니고 싶어 했다.

한 달 또는 분기마다 학생 스케줄을 조사한다. 수진이 스케줄 중에 특이한 점이 있었다. '러닝머신 30분.' 집에서 빨래 걸이로 방치되기 일쑤인 러닝머신을 활용하고 있었다. 동생 현준이에게 물어보니 사실이었다.

수진이가 시간 경영의 달인이 된 데에는 부모의 영향이 컸다. 두 분 모두 직장인이라 남매는 할머니와 주로 생활했다.

"우리 엄마 아빠는 드라마랑 핸드폰 안 봐요. 우리랑 책 읽고 얘기해요."

남매와 조금이라도 더 있고 싶어서 운동센터 가는 대신 러닝머신을 이용했다. 부모님을 보며 수진이도 따라 했다. 자기주도학습의 달인 수진이는 시간 경영의 달인 부모를 쏙 빼닮았다.

# 퇴원에 대처하는 3가지 자세

오늘 신입생 한 명 들어왔다. 세상을 다 가진 듯 기뻤다. 아! 학원 할 만해. 얼굴에 스마일 이모티콘이 떠다녔다. 다음 날 출근했다.

"원장님, 오늘부터 지민이 못 다녀요. 영어, 수학 같이 있는 학원에 보내기로 했어요."

입꼬리가 축 처졌다. 학원 하는 거 왜 이렇게 힘들어!

신입생 한 명 들어왔다고 좋아하는 것도 잠시, 곧 두 명 나간다. 밑 빠진 독에 물 붓기다. 신입생과 퇴원생 숫자, 성적표에 따라 기분이 오르락내리락하는 것이 학원인의 숙명이다. 감정이 무뎌졌을 뿐 사라지진 않았다. 신입생 왔다고 방방 뜨지 말고, 나갔다고 풀 죽어 있지 말자.

## 방지할 수 있는 퇴원

같은 일이 반복해서 일어나지 않도록 재점검한다. 가장 근본적인 문제는 대화와 관심의 부재였다. 학부모, 강사, 학생과 대화를 나누지 않아서 불만이 쌓여가고 있었는데 눈치채지 못했다. 어제까지 괜찮았는데 오늘 갑자기 그만두는 사례도 있지만, 학부모 입에서 퇴원 얘기가 나왔다는 것은 몇 달간 고민했을 가능성이 크다. 학부모와 통화를 해보면, 목소리에 서운함이 배어 있었다. 조금 더 일찍 신경 써 줄 걸 하는 후회가 남았다. 학생 수가 줄어서가 아니라, 있을 때 최선을 다해 주지 못해서, 학생이 힘들어하는 걸 들어주지 못해서 미안했다. 있을 때 잘하자!

- 강사 : 강의력과 수업 준비 부족, 학생 차별, 잦은 강사 교체
- 친구 : 다툼, 싫어하는 친구가 있어서, 친구가 그만둬서
- 수업 : 진도와 레벨이 맞지 않아서
- 과제 : 학생 수준에 비해 과도하게 많이 내줘서
- 성적 : 영어 성적은 올라서, 다른 과목 공부하려고
- 분위기 전환 : 같은 곳에 오래 다녀서 긴장감이 떨어질 때
- 의지 부족 : 그냥 공부가 무조건 싫어서

## 학원의 노력으로 안 되는 것

위의 1에서 언급한 이유 중에는 2와 경계가 애매모호한 것도 있다. 친구랑 심하게 싸워서 학원에서 중재조차 할 수도 없을 때, 학생의 의지 부족이 심각할 때 등이 그렇다. 퇴원 시기를 조금 늦출 수는 있지만, 완전히 방지하기는 어렵다. 내 노력으로 안 되는 것에는 감정과 시간 낭비하지 않았다.

- 타 학원 이동 : 우리 학원 퇴원 이유 1위는 중3이 종합반으로 옮기는 경우다. 영어 한 과목만 전문으로 하는 우리와 여러 과목을 가르치는 종합 학원은 커리큘럼 자체가 다르다. 대체로 2학기 기말고사 이후 이동하기 때문에 여름 방학이 지나면 서서히 마음의 준비를 한다. 정들었던 학생이 떠날 때 드는 감정은 세월이 지나도 바뀌지 않는다. 종합반에서 잘 적응할 수 있게 상담해주며 훈훈하게 마무리한다.

- 경제 사정 : 성실하고 오래 다닌 학생이 경제 사정으로 그만두면 몇 배로 마음 아프다. 몇 달 감면 혜택을 주거나 아예 받지 않은 적도 있었다. 사교육이니 학원비를 낼 여유가 없다면 다니지 않는 게 맞지만, 학생을 생각하면 뭐라도 해주고 싶었다. 그런데, 그게 형평성에 매우 어긋난다는 걸 알았다. 빚을 내서라도 교육비를 내는 학부모가 있었다. 경제 사정이 비슷했는데

A의 교육비는 받지 않았고, B는 받고 있었던 거다. 학생 사정이 안타까웠지만, 형평성을 지켜야 했다. 한 명 봐주면, 다 봐줘야 한다.

- 이사 : 예고된 퇴원이다. 이사가 정해지면 몇 달 전부터도 학부모나 학생이 알려 준다. 시간 여유가 있는 퇴원이라 D-day까지 관심을 더 기울인다. 그만둘 학생이라고 소홀히 대하는 일은 없다. 퇴원 선물도 준비한다.
- 기타 : 장기 여행, 입원, 어학연수 등으로 그만두는 경우다. 신뢰가 쌓였다면 대부분 몇 달 뒤 재등록한다.

## 퇴원 권유

학원에서 문제를 일으켰을 때 객관적 근거를 확인하고 신속히 처리한다. 오래 끌수록 문제가 눈덩이처럼 불어났다. 사건이 터진 뒤에야 늘 후회했다. "더 일찍 결단을 내렸어야 했어." 퇴원 사유는 처음부터 공지해야 탈이 없다. 학생 개인에게 감정이 있는 것이 아니라, 학원 전체 규칙이라는 것을 강조한다. 공동이 이용하는 곳에서 규칙을 지키는 것만큼 중요한 것이 있는가? 퇴원을 판단하는 기준은 '남에게 피해 주는 행동을 하는가'이다. 교육비를 내고 다니는데 특정 학생으로 인해 다수가 피해를 보게 방치할 수는 없다.

- 강사에게 불손한 태도 : 초등학교 고학년만 되어도 선생님에게 대든다. 선생님으로서 존중받지 못하는데 이런 학생, 가르칠 수 있는가? 학생이 버릇없게 굴어도 그만둘까 봐 야단도 못 치고 속병 앓는 강사가 있었다. 어떠한 경우에도, 학생 앞에서 강사의 자존감을 지켜줬다.

- 잦은 지각과 결석 : 10대 학생은 친구 영향을 받는다. 한 학생의 지각을 봐주면, 그 반 전체가 슬금슬금 지각하기 시작한다. '선생님이 쟤는 지각하고 과제도 안 하는데 봐 주더라. 나도 그래야지 뭐.' 이렇게 생각하는 게 무리는 아니다. 지각을 밥 먹듯 하는 학생을 내보냈더니, 전원 정시 출석하고 다시 면학 분위기로 바뀌었다.

- 기타 : 교육비 미납, 학원보다 가정 학습이나 개인 지도가 맞는 경우, 퇴원 권유를 진지하게 생각한다.

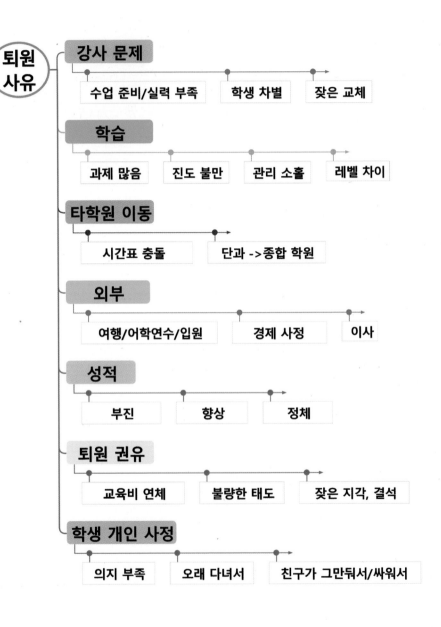

**퇴원 사유**

**강사 문제**
- 수업 준비/실력 부족
- 학생 차별
- 잦은 교체

**학습**
- 과제 많음
- 진도 불만
- 관리 소홀
- 레벨 차이

**타학원 이동**
- 시간표 충돌
- 단과 ->종합 학원

**외부**
- 여행/어학연수/입원
- 경제 사정
- 이사

**성적**
- 부진
- 향상
- 정체

**퇴원 권유**
- 교육비 연체
- 불량한 태도
- 잦은 지각, 결석

**학생 개인 사정**
- 의지 부족
- 오래 다녀서
- 친구가 그만둬서/싸워서

제4장

좋은 강사는 없다

# 들어가며 : 감사 덕분에, 강사 때문에

지인 중에 학원 관계자, 영어 교육 전문가가 다수다. 원장을 만나면 강사에 대한 불만을, 강사를 만나면 원장에 대한 불만을 쏟아낸다. 그들의 얘기를 듣고 있으면 세상의 빌런(villain, 악당)이란 빌런은 다 학원가에 있는 듯싶다. '좋은 원장, 좋은 강사는 없는 건가?' 머릿속에 물음표가 한가득 생긴다. 이렇게 글 쓰는 나도 떳떳하지 않다. 경영 초반에는 스트레스를 지인 원장과 만나 수다로 풀었다. 힘들게 하는 학부모, 강사, 학생 이야기가 유일한 화젯거리였다. 학원 경영 햇수가 쌓일수록, 큰 사고들을 겪을수록 나도 철이 들어갔다. 감정에 치우쳐 내 사람을 남 앞에서 흉보는 일을 하지 않는다.

천직인 학원 경영을 오래 할 수 있었던 것은 강사 덕분이다. 병원에 있느라 출근하지 못했을 때 나 대신 학생을 돌봐준 건 그들이었다. 학원을 네 곳 운영하며 내 꿈에 한 발짝씩 다가설 수 있는 것도 강사들의 도움이 있어서다.

강사 관리에서 세 가지를 생각한다.
첫째, 어떤 성향의 강사를 만나든 우리 학원에 맞게 교육하고, 비전을 제시하고, 함께 성장해 나간다.
둘째, 갈등이 생겼을 때 내게서 원인을 먼저 찾는다.
셋째, 강사 덕분이다.

4장의 제목 '좋은 강사는 없다'는 어떤 강사를 만나든, 원장이 중심을 잡고 흔들리지 말아야 한다는 의미이다. 좋은 강사를 만나면 학원이 성장하고, 나쁜 강사를 만나면 학원이 흔들리고…. 누구와 함께하느냐에 따라 학원의 운명이 결정되어서는 안 된다. 학원을 설립한 사람은 원장이다. 끝까지 지켜야 할 사람도 원장이다.

# 강사 교육 매뉴얼

첫째, 비전을 제시하지 않았다.

둘째, 교육하지 않았다.

셋째, 지나치게 배려했다.

강사 관리에서 세 가지 실수했다. 원장은 화성에서 왔고, 강사는 금성에서 왔다. 사고방식이 다른 두 부류가 만났다. 강사를 고치려 했다. 갈등이 좁혀지지 않았다.

'내가 그 상황을 만들지는 않았나?' '왜 방지하지 못했지?'

화살을 내게로 돌렸다. 분노는 가라앉고 이성은 떠올랐다. 남 탓해서는 성장할 수 없었다. 나와 학원이 성장하기 위해서 내가 바뀌기로 했다.

## 기업의 인사 교육 시스템을 배우다

국내외 기업의 경영 방식을 알고 싶어서 《동아 비즈니스 리뷰》를 읽는다. 2020년 6월호에 직원 관리로 성공한 기업 '워크데이(Workday)'에 관한 기사를 읽었다. 이곳의 인사 시스템을 통해 강사 관리에서 놓쳤던 두 가지를 찾았다. 협업과 교육의 지속성이다.

워크데이는 신입 사원이 들어오면 '워크메이트(Workmate)'라는 베테랑 직원 한 명과 짝을 지어 준다. 신입 사원에게 비슷한 가치관과 관심사를 가진 직원을 연결해주어 새로운 환경에 적응하게 돕는다. 협업 시스템과 교육은 입사 첫날부터 임직원이 되어서도 근무 기간 내내 이루어진다. 그 결과, 직원 이탈률이 크게 줄었고 직원 95%가 만족해했다.

워크데이 직원 교육 시스템과 우리 학원을 비교해봤다.

- 같은 점 : 신입 사원이 들어오면 베테랑 직원 한 명과 짝을 지어 준다.
- 다른 점 : 워크데이는 입사 첫날부터 임직원이 되어서도 근무 기간 내내 협업과 교육을 실시했다.

나는 수습 기간 한 달 동안 선임 강사와 짝을 지어 주어 서로 도움을 주고받도록 했다. 수업 참관을 하고 피드백을 공유했다. 거기

까지였다. 강사끼리 협업이 이루어져도 문제가 생겨 거리를 두게 했
다. 적응되면 교육 횟수를 급격히 줄였다. 지금은 신입 강사 교육 외
에 재직 강사 교육도 정기적으로 실시한다.

## 강사 교육 매뉴얼

'한 명밖에 없는데 무슨 교육이야.'
'그때그때 전달 사항만 간단히 말하면 돼.'

한 명이라도 교육은 필요했다. 서로의 편리(?)를 위해 생략했더
니, 긴장감도 소속감도 잃었다. 경력 강사는 교육을 생략하거나 며
칠 정도로 짧게 진행했다. 큰 실수였다. 경력이 아무리 많아도 우리
학원은 처음이었다.

강사 교육, 어디서부터 손대야 할지 막막했다. 5년 차 무렵까지
는 첫날부터 하나라도 더 알려주려 했다. 성인이니까 많은 분량을
짧은 기간에 소화하리라 생각했다. '일일이 간섭하지 않아도 잘하겠
지….'라고 믿으며 교육을 체계적으로 하지 않았다. 배우는 과정은
성인과 학생이 비슷했다. 시행착오 끝에 내린 답은 단순했다. '학생
에게 영어 알려주듯 강사에게도 똑같이!' 진도, 과제, 복습, 시험, 피
드백을 주기적으로 반복하듯 강사교육도 이렇게 한다. 과거에 비해

반복, 시강, 피드백 시간을 두 배 이상 늘렸다.

1주 차 첫날에 수업 장면을 보여준다. 둘째 날부터 재직 강사 칸에 있는 내용을 교육한다. 2주 차에는 1주 차 분량을 복습한다. 교재와 매뉴얼을 어느 정도 이해했는지 확인한다. 상담, 구두 테스트, 지면을 통해 습득 정도를 파악한다. 3주 차에는 1~2주차 이론을 시강을 통해 복습한다. 2020년부터 줌 실습을 추가했다. 4주 차는 줌 실습과 1~3주 차 피드백을 위한 시간이다. 1주 차에 배운 이론을 3주에 걸쳐 실습과 피드백을 통해 반복하면서 내면화하도록 돕는다.

| 전임 강사 교육 | | |
|---|---|---|
| | 신입 | 재직 |
| 1주 차 | · 1일 차 : 수업 참관<br>· 2일 차 : 매뉴얼 교육 1<br>· 3일 차 : 교재 연구 1<br>· 4일 차 : 매뉴얼 교육 2<br>· 5일 차 : 교재 연구 2 | ■ 마인드<br>자존감, 회복 탄력성, 서비스, 동료 예절, 리더십<br><br>■ 콘텐츠<br>신규 교재, 커리큘럼, 줌 활용법<br><br>■ 수업<br>교재 선정, 성적표 작성법, 업무일지, 테스트 |
| 2주 차 | 1주 차 반복 | |
| 3주 차 | · 1~2일 차 : 1:1 수업 시강<br>· 3~4일 차 : 그룹 수업 시강<br>· 5일 차 : 피드백 | ■ 학생 태도<br>출결, 지각, 과제 수행, 수업 태도, 교우 관계 |
| 4주 차 | · 1~2일 차 : 줌 실습<br>· 3~5일 차 : 1~3주 차 피드백<br>  & 시강 | ■ 상담<br>학부모 전화 응대, 문자 발송<br><br>■ 고입 · 대입 교육 정보 |

# 원장을 속인 강사, 학부모에게 걸리다

강사 태도에 관한 설문 조사를 하지 않았다. 필요성을 느꼈지만, 감시하는 것 같아 내키지 않았다. 사건이 터졌고, 미룰 수 없었다. 사람의 의지를 믿지 않기로 했다. 환경 설정에 집중했다.

강사의 부끄러운 행동을 학생과 학부모가 제보했다. 내가 학원에 있는데도, 출근 체크기에 기록만 하고 학원 밖에 나가 교실에 늦게 들어갔다. 수업하다 말고 전화 받느라 교실을 비웠다. 까맣게 몰랐다. 원장실에서 업무를 보는 사이, 몰래 그랬다.

"원장님 안 계실 때, 선생님이 수업 시간에 들어오지 않았어요. 여러 번이요. 아이한테 듣고, 말씀드려야 할지 말지 망설였어요."

더 기막힌 일도 있었다.

"원장님, 한 달 전에 그만둔 중등부 선생님이요. 학원비로 과외 해 준다고 자꾸 연락해요."

학부모는 이 사실을 전해야 할지 말지 얼마나 고민했을까. 자식이 잘못하면, 부모가 교육을 잘못해서 그렇다고 한다. 내가 강사 교육을 똑바로 못했다. 쥐구멍이 있었다면, 들어갔을 거다.

짐을 덜어 줄 사람이 필요해 강사를 뽑았다. 짐을 내 등에 더 얹었다. 돈은 돈대로 쓰고, 신경은 곱빼기로 썼다.

'혼자 하는 게 낫지. 이게 뭐냐고! 창피해서 학부모를 어떻게 봐!'

일이 터진 순간엔 감성이 지배했다. 하루 이틀 지나면 이성이 찾아왔다.

'강사의 의지를 너무 과대평가했어. 성인이니 알아서 할 줄 알았어. 핀셋으로 콕콕 찍어 알려줘야 해.'

교육을 강화하고, 강사 태도 설문지를 실시하고, CCTV를 설치하게 된 배경에는 이런 사건들이 있었다. 사람은 흔들린다. 시스템과 장치의 도움이 필요하다. 교육, 설문지, CCTV. 세 가지를 도입한 후로, 강사 태도로 인한 컴플레인이 줄어들었다. 강사도 긴장감을 유지했고 업무에 집중했다.

■ 설문지 내용

매우 그렇다 5 / 조금 그렇다 4 / 보통이다 3

그렇지 않다 2 / 전혀 그렇지 않다 1


1. 강의 중 개인 업무(핸드폰, 독서, 개인 과제)를 하지 않는다.

2. 쉽고, 친절하고, 명확하게 설명한다.

3. 교재가 내 눈높이에 딱 맞다.

4. 다른 사람을 험담하지 않는다.

5. 학생 모두에게 관심을 준다.

6. 눈높이에 맞게 설명한다.

7. 모르면 알 때까지 반복한다.

8. 실력/성적 향상에 도움이 된다.

9. 동기를 부여해 준다.

10. 옷차림이 단정하다.

11. 과제 분량과 수준이 적당하다.

# 좋은 강사는 없다

'좋은 사람' 기준은 주관적이고 변덕스럽다. 좋은 사람도 어떤 상황과 관계 속에서 만나느냐에 따라 나쁜 사람이 된다. 최고로 꼽았던 강사가 다른 곳에선 악질 강사가 되었다. 인품 훌륭한 원장도 누군가에게는 악덕 원장이었다. 우리 학원 강사를 지인 원장에게 소개했다가 뼈아픈 경험을 했다. 그 후로 강사 소개해 달라고 하면, 손을 내젓는다.

친한 원장(이하 A)이 전임 강사 소개를 부탁했다. 학생 수가 100명인데 파트 강사만 두 명 있었다. 전임 강사를 추가로 채용해서 원장 수업을 줄이려 했다. 우리 학원에서 3년 근무하다 출산과 육아로 그만둔 강사(이하 B)가 있었다. 근무 기간 내내 한 번도 지각하지 않았다. 가르치는 걸 좋아했다. 학생을 예뻐했다. 학부모에게 신뢰를 얻었고 상담도 잘했다. 계속 안부를 주고받았다. 아들이 어린이집에 다닐 나이가 되자, 면접 보러 다닌다는 걸 알게 됐다. 우리 학원은 학생 수에 비해 강사 수가 많아 함께하기 어려웠다. A에게 B를 소개했다. 서로 마음에 들어 했다. 무엇보다 내 강력 추천이니 안 뽑을 이유도, 근무 못 할 이유도 없었다.

석 달 후 A가 교통사고를 당했다. 2주 입원 예상했는데, 2달로 이어졌다. B는 하루아침에 대리 원장이 되었다. A가 퇴원했을 때 학생 수가 50명으로 반토막 났다. 퇴원 후 A가 문자를 보냈다.

"B 선생님 덕분에 50명이나 남았어요. 저 없는 동안 힘들었을 거예요. 하루아침에 병원 신세 지게 될 줄 누가 알았겠어요."

그 후 몇 달간 연락이 없었는데, 전화가 왔다.

"B가 저 몰래 면접 갔다 왔어요."

'무슨 말이지? 하늘이 두 쪽 나도 그럴 사람이 아닌데.'

자초지종은 이랬다. 지인 원장은 처음엔 50명인 것만 해도 감지덕지했다. 그러다 슬슬 10년간 이뤄놓은 것이 두 달 만에 반토막 나자 억울했다. 수입이 줄어들어 압박도 컸다. B의 급여가 부담됐다.

B도 학생이 줄자 위축되었다. 예민해진 원장과 일하려니 가시방석이었다. 사소한 일로 사사건건 부딪쳤다.

처음에, A는 B가 없었으면 문 닫았을지도 모른다며 고마워했다. 경제적 압박이 오자 마음이 바뀌었다. '50명이나 남았네.'에서 '50명밖에 안 남았어.' 두 사람 관계는 금이 갔고 B는 원장 몰래 면접을 봤다. 지인 원장은 B의 태도에 화가 머리끝까지 났다. 학원을 지켜준 게 고마워 큰 액수의 보너스를 지급했다. 대리 원장에 맞는 급여를 지급했다. B의 아이가 아파서 몇 차례 조퇴와 지각이 있었다. 그때마다 배려를 해줬다. 서로의 입장 차이가 팽팽했다. 자기가 스트레스를 잔뜩 안고 있는데, 상대방을 배려할 여유가 없었다. B는 퇴사했고 원장도 교통사고 후유증으로 폐원했다.

'좋은 강사'를 기대하지 않는다. 내가 뽑은 사람을 불신하겠다는 의미가 아니다. 그 사람에게 어떤 일이 일어날지, 어떤 변화를 가져올지 '그것'을 믿지 않는다. 나도 '운 좋게' '좋은 강사'를 만나 학원을 성장시키려 했다. 학원과 학생을 선생님 운에 맡기려 했다. 도박도 이런 도박이 없다. '내가 왜 그랬을까?' 싶은데 그때는 그렇게 생각하는 것이 '당연하다' 여겼다. 일을 좋아했지만, 시간과 돈에서 자유로운 삶도 꿈꾸었나보다.

학생 수가 늘면서 개성이 짙은 강사를 더 자주 만났다. 누구와 함께 일하느냐에 따라 기분이 오락가락했다. 감정 기복이 학생에게 전달됐다. 아차, 싶었다. 강사 교육할 때, 기분에 따라 학생을 대하지 말라고 했다. 그런데…. 그제야 어떻게 행동해야 할지 보였다. 어떤 사람을 뽑든, 그 사람이 무슨 행동을 하든 내가 주체가 되기로 했다.

# 믿었던 강사가 떠날 때

학원인을 위한 대학교 설립이 꿈이다. 필수 과목은 인간관계학이다. 데일 카네기의 지혜를 빌려 원장과 강사가 사이좋게 지내는 법을 연구하고 싶다. 학원을 경영하며 가장 자주 떠올리는 한자 성어는 역지사지(易地思之)다. 입장 바꿔 생각하거나 책, 영화, 드라마를 보며 간접 경험하는 것도 상대를 이해하는 데 도움이 된다.

〈굿 와이프〉. 법과 정치 이야기를 다룬 미국 드라마다. 로펌과 정치판에서 벌어지는 상사와 부하, 동료와 동료 사이의 얽히고설킨 이해관계를 다뤘다. 어제는 동료, 오늘은 적이 되는 인간관계를 간접 경험했고, 공감했다. 1회 45분이고, 에피소드는 총 80개가 넘는다. 이 많은 분량 중에서 최고로 꼽은 장면이 있다.

변호사 알리샤 플로릭은 로펌 고객들을 몰래 빼내어 독립했다. 학원가에도 비슷한 상황이 벌어진다. 나도 겪었다. 로펌 대표 윌 가드너는 직원이자 연인인 알리샤 플로릭의 계획을 알았다. 혈전에 가까운 대화가 오고 갔다.

윌 : 네가 어떻게 이럴 수 있어? 바로 네가!! 오갈 데 없는 너를
    이곳에 취직시켜줬어. 감히 우리 고객을 빼돌려?
알리샤 : '우리 고객'이라고 하지 마! 당신이 한 일이 뭐야? 수년
    간 내 가족처럼 돌보고 힘든 일 해결해줬어. 그들은 나를 믿
    고 여기 있었던 거야.

처음 봤을 때 윌의 분노에 이입되었다. '그'가 바로 '나'였다. 눈 곱만큼도 미안해하지 않는 알리샤의 뻔뻔함에 피가 확 쏠렸다. 떠오르는 강사'들'이 있었다. 알리샤는 고객에게 함께 가자고 연락했고 자료를 챙겼다. 독립해서 자기 이름을 건 로펌을 차렸다. 내 상황과 똑같았다.

시청자 관점에서 사건을 바라봤다. 그래도 알리샤는 하지 말아

야 할 일을 했다. 윌은 알리샤에게 은인이다. 경제력 없는 그녀에게 일자리를 줘서 생계를 이어가게 했다. 변호사로서 입지를 다질 수 있게 뒷받침해 줬다. 윌은 알리샤에게 나쁜 행동을 하지 않았다. 그들은 연인 관계였다. 처음 드라마를 봤을 때는 윌의 분노만 보였다. 그 후엔 알리샤의 입장을 하나하나 뜯어보았다.

윌도 알리샤가 그런 계획을 품지 못하게 방지했어야 했다. 그녀를 지나치게 믿었고 고객에게 무관심했다. 일이 벌어진 후에야 고객에게 관심을 보이며 직접 챙겼다. 처음에는 알리샤의 잘못만 들어왔다. 감정을 가라앉히고 그녀의 대답을 여러 차례 곱씹어 봤다. 특히 마지막 말 "그들은 나를 믿고 여기 있었던 거야." 윌의 잘못이라고 해야 할까, 아니면 실수라고 해야 할까. 나도 그랬다.

학생에게 최고의 강사를 배정해 주고 싶었다. 강사와 사이좋게 지내기를 바랐다. 그리고 강사를 믿었다. 어느 정도 내가 편하고 싶은 '신뢰'였다.

'당신만 믿어.'

'월급을 지불하니 나는 짐을 좀 덜고 싶어.'

'신경 쓰고 싶지 않으니까 당신이 알아서 해줘.'

이런 상태가 지속되었다면, 알리샤처럼 딴 맘을 슬슬 먹을 수도

있겠구나 싶었다. 학생도 가끔 만나는 원장보다 자주 보는 강사를
따랐겠지.

시간이 흘러서 미움이 사그라진 걸까. 내게도 잘못이 있다는 걸
인정해서일까. 학생에게 몰래 접근해서 과외했던 강사, 학원 자료를
몽땅 가지고 나가 바로 옆에 학원을 차렸던 강사. 도저히 용서할 수
없었던 그 사람들을 놔주기로 했다.

'상황이 그렇게 만들었겠지.'

'맡기기만 하고 비전을 제시하지 못한 내 잘못도 있어.'

학부모가 하지 말았으면 하는 행동을 내가 했다. 등록할 때만 반
짝 관심 두는 학부모가 많다. 돈 냈으니 학원에서 알아서 다 해주기
를 원한다.

"원장님만 믿어요."

학원 입장은 이렇다.

"학원에 맡기더라도 부모님이 관심 가지셔야 해요."

학부모에게 했던 말을 나에게 던져본다.

"강사에게 맡기더라도 원장이 챙겨야 해."

원장이 직접 가르치지 않아도 학생에게 관심 가지고 있다는 걸
끊임없이 보여줘야 한다. 그래야 강사도 긴장하고 딴마음 품지 못한
다. 학부모와 학생도 원장과의 연결 고리를 더 소중하게 여긴다.

## 나는 누구를 믿어야 하나

하루아침에 학생을 뒤로하고 자기 이익 찾아 떠난 강사가 있었다. 3년 근무하는 내내 좋은 관계를 유지했다. 10월 1일 오전에 9월 급여를 받고 그날부터 나오지 않았다. 아무 연락도 없이. 나는 바보같이 그 사람을 걱정했다.

교통사고가 났나.

집안 어른이 돌아가셨나.

제발 무사해야 하는데….

수십 차례 통화 시도 끝에야 겨우 연락이 닿았다. 10월 1일부터 다른 곳에서 근무하고 있었다. 기업체였고, 출근이 이미 두 달 전에 확정되어 있었다. 그때부터 후임자를 의논해야 했다. 인수인계가 빨리 끝나면, 일찍 그만둘 수도 있고 그러면 급여가 며칠이라도 줄어드니 끝까지 말하지 않았다. 또, 가기로 예정된 곳에 문제가 생겨 못 갈까 봐 입을 닫고 있었다. 낙동강 오리알 신세가 될 수도 있으니까. 죽어도…, 무슨 일이 있어도…, 10원도…, 손해 보기 싫었던 거다.

식당이든, 옷 가게든, 병원이든 어디나 직원 문제는 큰 골치다. 학원은 더 그렇다. 매일 보는 학생들, 특히 시험 앞둔 학생을 놔두고 떠난 그들을 용서할 수 없었다.

강사 문제. 겪어보기 전에는 이렇게 피가 거꾸로 솟는 일인 줄 몰랐다. 잘해주면 만만하게 보고 온갖 핑계와 변명을 대며 그만두었다. 나는 강사들 식사와 간식을 특별히 잘 챙겼다. 간식, 저녁 식사, 커피숍 커피 또는 과일 주스. 세 종류를 매일 제공했다.

"원장님이 너무 좋으셔서 이해해 주실 줄 알았어요."

배려는 배신을 불러왔다. 《부자 아빠 가난한 아빠 2》에서 부자 아빠도 회사를 운영할 때 사람 관리가 가장 어렵다고 했다. 좋은 리더가 못 된다면 등 뒤에서 총 맞는다고 했다. 이 문장을 읽고, 잠을 못 잤다.

'나는 좋은 리더가 아니었나? 그래서 총 맞은 거야?'

사람 뽑기 힘든데 싫은 소리 하면 그만둘까 봐, 이것저것 요구하면 싫어할까 봐 무조건 맞춰 줬다. 잘해 줄 땐 잘해줘도, 대표로서 강단 있게 행동해야 했다. 리더십이 없었다. 강사들이 쉽게 떠난 이유였다. 지금 내 별명은 선덕여왕의 '미실'이다. 떠난 '그들' 덕분에 경영자로서 자질을 갖추게 되었다. 상처 하나 생길 때마다, 한 뼘씩 성장했다.

# 교무실은 교실의 축소판

교무실은 교실의 축소판이다. 강사는 다 큰 학생이다. 원장과 강사 사이의 문제만 생각했지, 강사와 강사끼리 불협화음은 생각하지 못했다. 같은 반 학생끼리 싸워 둘 다 그만두고, 결국 반 아이들까지 모두 나갔다. 교무실에서도 똑같이 일어났다. 내가 모르는 사이, 교무실에서 '왕따, 편 가르기' 분위기가 흘렀다. 강사 네 명 이상이 되자 무리에서 어울리지 못하는 강사가 생겼다. 한 명 한 명 보면 괜찮은 사람들인데 모이면 다툼이 생겼다. 내 앞에서는 생글생글 웃고 예의 바른 선생님이, 안 보이는 데서는 동료 강사를 무시하고 이간 질했다. 동료 잘못을 은근슬쩍 들춰냈다.

우리 집은 학원과 도보 15분 거리에 있었다. 오전에 출근했다가 집에 와서 점심을 먹고 1~2시경 다시 학원에 갔다. 점심 먹고 학원 가는 길에 강사 K를 만났다. 함께 걷다가 마을버스 정류장에서 기다리고 있는 강사 L을 보았다. 마을버스를 타나, 걸으나 시간 차이는 5분이었다. L에게 말했다.

"날씨 좋은데 같이 걸어가요."

K가 재빨리 끼어들었다.

"L쌤은 걸어가면 몇 분 늦을 텐데요. 마을버스 타야 제시간에 도착할걸요."

몇 초였지만 두 사람 사이에 미묘한 전류가 흘렀다. L의 얼굴이 굳어졌다.

두 사람의 출근 시간은 달랐다. 그날따라 K는 30분 이상 일찍 나섰다. L은 1~2분 급했다. 출근 체크기에 '지각' 찍히지 않으려면 서둘러야 했다. 평소 K는 늘 간당간당하게 출근했다. L은 여유 있게 왔다. 이해를 돕기 위해 굳이 말하자면, K는 여우과, L은 곰과였다. 마을버스가 들어왔다.

"저는 K 쌤이랑 커피 사서 갈게요. 먼저 버스 타고 가세요."

정류장 앞에서 감지했던 촉은 실체를 드러냈다.

"원장님, 시간 괜찮으세요? 드릴 말씀이 있어서요."

심장이 쿵! 학부모든, 강사든 이 말로 시작하면 90%는 내가 피하고 싶은 내용이었다. L은 그만두고 싶은 이유를 에둘러 말했지만, 진짜는 따로 있었다. 결이 다른 강사들 틈에서 버티기 힘들어했다. 나와의 문제보다, 강사끼리 갈등으로 그만두는 게 몇 배 안타까웠다. 내게는 좋은 사람, 그들끼리는 앙숙이었다.

오픈 1년 차부터 꿈꾸었다. '강사끼리 화기애애한 학원' '웃음이 끊이지 않는 학원' '서로 도와주고 발전해나가는 학원' 가끔은 내 흉도 보고 서로 의지하는 관계가 되길 바랐다. 회식비도 넉넉히 챙겨주었다. 나는 직장 생활을 하지 않았다. 친구가, 퇴근 후 직장 동료와 치맥 하며 서로의 고민을 털어놓는 게 그렇게나 부러웠다. 마음에 맞는 직장 동료는 로망이었다. 내가 못 해 본 걸, 우리 선생님에겐 해주고 싶었다.

학생끼리 싸우듯, 강사끼리 싸운다. 학생 왕따가 있듯, 선생끼리도 왕따가 있다. 원장은 강사 대 강사 관계까지 돌봐야 한다. 강사들 사이에 갈등이 생겼을 때, 섣불리 판단하지 말고 양쪽 상황을 충분히 파악하고 결정을 내려야 강사도 원장을 믿고 따른다.

제5장

# 영어학원 수업 매뉴얼

# 들어가며 : 현실과 이상, 영어 균형 맞추기

학원 경영서 두 권을 먼저 출간했지만, 경영인 이전에 나는 영어 선생이다. 오픈 1년 차부터 현재까지 초등부, 중등부, 고등부를 항상 함께 운영했다. 초등 3학년부터 고3 과정까지 10년 영어 교과 과정을 가르쳤다. 학교는 초중고 학생을 동시에 가르치지 않는다. 사교육 현장에 있었기에 가능했다. 스무 해가 넘는 경험은 학교 영어 전체를 꿰뚫어 보는 눈을 주었다. 대학에서 영어와 일어를, 대학원에서 영어 콘텐츠와 언어학을 연구했다. 학문적 배경은 현장 경험과 함께 이론과 현실 사이에서 균형을 잡게 했다.

맹인모상(盲人摸象). 장님이 코끼리를 만진다는 뜻이다. 전체를 보지 못하고 자기가 알고 있는 일부분만 진짜라고 고집하는 걸 말한다. 영어는 바다처럼 깊고 넓다. 짧지 않은 경력에도 속속들이 알지 못한다. '나는 맞고, 당신은 틀렸어!'라고 우기지 못한다. 다만 이렇게는 자신 있게 말한다.

"초중고 영어 교육에 있어서 맹인모상의 오류에 빠지지 않을 경험이 있다."

균형 잡힌 시각으로 학원 경영과 영어 교육을 바라본다. 사업가로서, 영어 교육 전문가로서 내 강점이다.


"원어민이랑 자유롭게 얘기하면 좋겠어요."

"이 책은 쉬워요. 훨씬 어려운 거 배웠어요."

배웠지만, 자기 걸로 만들지는 못했다. 두꺼운 원서와 난도 높은 교재를 공부하면, 다 안다고 착각하는 학부모와 학생을 365일 만난다. 내 역할은 분명하다. 이상이 높은 그들에게 현실을 알려준다. 현재 실력과 목표 영어 사이에서 균형을 찾도록 도와준다. 원어민과 Free Talking하고 해리포터 척척 읽는 것, 물론 좋다. 다만, 한국에서 대학교까지 나올 거라면, 한국 현실에 맞는 영어 공부가 필요하다. 그 기준이 되는 것이 학교 영어 교과 과정과 입시에 대한 이해이다.

# 학생은 학부모의 시선까지 닮는다

초·중·고 학생과 학부모는 학원의 핵심 고객이다. 매뉴얼을 만들려면 그들에 대한 이해가 먼저다. 돌이켜 보면, 나는 불필요하게 학생 '탓'을 했다.

"수백 번 얘기해줬는데 왜 엉뚱한 소리야."

"어제 가르쳐줬잖아. 뭐가 안 배웠어?"

"모른다는 표정 좀 짓지 마! 선생님 힘 빠져!"

"너 자꾸 지각할래? 숙제는 왜 안 해?"

7~8시간 연달아 수업하고 녹초가 되어 퇴근했다. '내가 사람이야, 녹음기야…!' 학생에게 좋은 습관은 주고, 나쁜 습관은 고쳐주고

싶었다. 고치지 못할 걸 고치려니 힘에 부쳤다. 부모도 못하는 걸 내가 하려 했다. '사람은 바뀌지 않는다'라는 진실을 뒤집으려 했다.

세월이 쌓이면서 지혜도 쌓였다. 안 되는 건 안 되는 거야. 포기할 줄 아는 용기가 생겼다. 학생의 현재 모습은 부모와 가정환경의 영향이었다. 부모와 환경이 바뀌지 않는 한 학생은 변하지 않는다.

"애가 왜 이렇게 산만한지 모르겠어."

"책 읽는 것도 너무 느려."

후배에게 속으로만 답했다.

'정말 몰라? 나는 진수가 왜 그러는지 훤히 보여.'

조목조목 원인을 짚어줄까 하다가, 심장을 후벼 팔 것 같아 참았다. 후배는 공부 욕심, 일 욕심이 대단했다. 출산 직후에도 박사 과정을 마쳤고, 논문을 썼고, 일도 병행했다. 진수를 타 도시에 있는 시댁과 친정에 번갈아 가며 맡겼다. 1~2주에 한 번 보러 갔다. 진수는 돌도 지나지 않아 엄마 품을 떠나 이 사람 저 사람 손에서 자랐다. 산만하고 학습 능력이 떨어지는 게 진수 탓인가? 부모가 자녀 흉을 보는 건 속상해서, 내가 잘못 키운 거 같아서, 내 단점을 빼닮은 게 못마땅하고 안타깝고, 걱정돼서다. 원인을 알지만, 걱정돼서 가끔 푸념하는 건 괜찮다. 문제는, 원인을 모른 채 아이 탓으로만 돌리는 학부모다.

지인이 딸 문제로 병원과 심리치료센터에 다녔다. 딸에게 무슨 문제가 있는지 알아보려 했다. 지인 부부도 아이도 몇 가지 검사를 받았다. 딸은 정상이었다. 부모에게 문제가 많았다. 부모가 원인인데 아이만 탓했다고 눈물을 쏟았다. 그 후로 아이에 대한 불만이 사라지고 관계가 개선되었다.

지각이 잦고 숙제하지 않는 초등학생이 있었다. 상담 전화할 때마다 어머니는 같은 말을 했다.

"학교에서도 그래요. 아주 속 터져요."

분통을 터트리며 지훈이의 못마땅한 행동을 늘어놓았다. 어머니 행동은 어땠을까? 1년 넘게 다니면서 제날짜에 교육비 준 적 없었다. 심지어 상담을 청해 놓고 연락도 없이 나타나지 않았다. 더 기가 막힌 건 약속 어긴 것을 대수롭지 않게 생각했다.

김훈 작가의 《칼의 노래》에서 '자식은 부모의 시선까지 닮는다'라는 문장을 읽었다. 소름 돋았다. 22년간 수천 명을 보며 느낀 것이 한 문장으로 표현되어 있었다.

초보 원장 시절로 돌아간다면, 학생에게 화 내지 않을 것이다. '너는 왜 이렇게 이해를 못해?' 대신 이해 잘하도록 쉽게 설명하고, '왜 자꾸 잊어버려?' 대신 오래도록 기억하게 학습법을 연구하겠다. 학생의 부족함을 들춰내 따지기에 바빴다. 나는 선생으로서 그렇게 완벽했던가? 남 탓, 남 바꾸려는 태도에서 벗어났다. 그 시간에 수업 매뉴얼 연구한다. 잘 할 수 있는 일이고 내 의지로 가능하다.

# 달콤 살벌한 영어학원

"숙제하기 싫으면 영어 다니지 마!"

"싫어. 갈 거야."

"원장 선생님 무섭다고 계속 징징거리잖아!"

"그래도 거기 다녀야 공부한다고."

"그럼 뭐 어쩌라고? 다닐 거야? 말 거야?"

"다닐 거야."

우리 학원 학부모와 학생 사이 흔한 대화다. 달콤 살벌. 우리 학원과 내 성격을 가장 잘 표현한 단어다. 초창기 제자들이 '달콤 살벌 영어쌤'이라고 부른다. 숙제 안 했는데 학원 문을 여는 건 반역이다.

지각하고 숙제 안 하는 학생이 있으면, 기분 좋게 수업할 수 없다. 찜찜한 기운이 다른 학생에게 전염된다. 숙제 안 해 오는 학생을 봐 주면, 잘해 오던 아이도 슬금슬금 하지 않는다. 의욕도 상실한다. 누구는 야단치고 누구는 봐 줄 수 없다. 차별한다고 할 텐데.

"시대가 바뀌었어요. 스파르타식으로 하면 학생들 싫어해요."

나는 학생 기분 맞춰가며 학원 경영하지 않는다. 그게 학생을 위하는 일인가? 아니면 학생 떨어질까 봐 눈치 보는 것인가? 우리만의 특색이 확실한 것이 더 좋다. 상위권 비율이 다른 학원에 비해 월등히 높다. A 학원에 10명이라면 우리는 30명이다. 다행인 것은 하위권 학생도 면학 분위기에 적응하면서 실력이 오른다.

'무섭지만 재미있는 곳'
'실력이 반드시 오르는 곳'
우리 학원의 색깔이다.

## 지루하면 끝이다

학생도 권태를 느낀다. 마음까지 간섭할 수 없지만, 최소한 우리 학원이 원인이 되어서는 안 된다.

고등학교 때 영어 선생님이 두 명 있었다. 별명이 미소 천사, 저승사자였다. 미소 천사 선생님 숙제를 하는 학생은 다섯 명도 되지 않았다. 수업 시간엔 엎드려 자거나 다른 과목 숙제를 했다. 저승사자 선생님 숙제는 모두 했다. 수업 시간에 또랑또랑하게 칠판을 쳐다봤다. 긴장감이 흘렀다. 친절하기만 하고 잘못해도 야단치지 않는 선생님보다 무섭지만 변화무쌍하고 재미있는 선생님이 좋았다. 지루해지는 순간 공부가 싫었다. 긴장을 잃은 순간, 재미도 잃었다. 친구들도 한결같이 말했다.

"저승사자 선생님 수업은 기억이 잘 나."

당연하다. 예습, 복습, 숙제까지 알뜰히 했으니까.

긴장감을 좋아한다. 우리 학원은 365일 스릴 넘친다.

"원장 선생님. 심장이 터질 것 같아요. 너무 두근거려요. 근데 재밌어요. 또 해요."

학생에게 자주 들었다. 공부가 무조건 싫은 게 아니다. 몰랐던 걸 알아가는 재미는 하위권 아이들에게 더욱 필요하다. 전교 꼴찌 10등 안에 드는 학생들도 우리 학원을 좋아한다. 다른 학원은 그만둬도 영어는 계속 다니는 학생, 한두 명이 아니다.

## 우리 인생은 비교급이 아니라 최상급이다

"아이들 칭찬해 주려고 노력 많이 하시는 거 알아요. 엄마로선 이게 제일 고맙습니다."

"제 아들이지만 눈 씻고 봐도 칭찬할 게 없어요. 원장님은 작은 거 하나 놓치지 않고 칭찬해 주세요."

"학원 다니면서 이렇게 좋아하는 거 처음 봤어요. 영어 다녀오면 늘 싱글벙글해요."

하위권 학생 학부모에게 종종 듣는다. 우리 학원에는 주인공도 들러리도 없다. 세상 다 뒤져도 같은 사람이 없는데 어떤 기준으로 누구는 주인공이 되고, 누구는 들러리가 되는가? 우리 인생은 비교급이 아니라 최상급이다. 1등부터 꼴찌까지 줄 세워야 하는 성적 시스템 속에 살지만, 학생 개인의 가치는 비교할 수 없고, 해서도 안 된다. 똑같이 최고다. 성적으로 학생 차별하지 않는다.

"엄마, 원장 선생님은 야단칠 때 되게 무서운데 칭찬도 제일 잘 해주셔. 알고 보면 달콤한 쌤이야."

잘못했을 때는 따끔하게 혼내고 노력했을 때는 아낌없이 칭찬한다. 명료하다. 학생과 약속한 것은 사소한 거라도 꼭 지킨다. 내 성격이 학원의 색깔이 되었다.

나는 달콤 10%, 살벌 90% 원장이다. 학원에는 다양한 성향의 학생이 있다. 좋은 말로 해도 척척 알아서 하는 학생, 얼마나 있는가. 규칙을 정하지 않아도 알아서 지키는 학생, 얼마나 있는가. 기꺼이 악역을 맡을 것이다. 꿈과 목표를 이루고자 찾아오는 학생, 학부모, 선생님을 위해서.

# 학생에게 가장 주고 싶은 것

2018년 하반기에 드라마 〈스카이캐슬〉이 방영되었다. TV도 없고 드라마는 관심 밖이었다. 선생님들은 출근하면 〈스카이캐슬〉로 이야기꽃을 피웠다. SNS에서도 자주 보였다. '현실은 더 하다'라는 지인들의 말에 줄거리를 찾아봤다.

강예서, 강예빈, 황우주, 차서준, 차기준, 우수한, 김혜나, 박영재, 이충선, 차세리, 그리고 케이.

등장인물 모두 우리 학원에 있었다. 그들의 부모가 우리 학원 학부모였다. 20~30대가 된 옛 제자들이 드라마 주인공이었다.

## 명문대 입학 포기한 내 제자

형제자매 비율이 항상 높았다. 대학 입학으로 형, 누나, 언니가 학원을 그만둬도, 동생이 다녀서 졸업생 소식을 들었다.

"어머니, 현아 대학 생활 잘하고 있지요?"

어머니는 잠시 머뭇거렸다.

"원장님… 현아 대학 안 갔어요."

현아는 중1 기말고사를 앞두고 우리 학원에 등록했다. 초등학교 저학년부터 대치동 학원에 다녔다. 중1 1학기 중간고사에서 70점을 받아 어머니는 실망이 컸다. 대치동에서 토플, 우리 학원에서 내신 대비를 시작했다. 현아는 유치원 때부터 영어 영재 소리를 들었다. 현아와 어머니는 내신쯤이야 식은 죽 먹기라 생각했다. 토플엔 강했지만, 중1 문법엔 약했고 시험 범위를 암기하지 않았다. 70점을 받은 이유였다. 다니는 동안 90점대를 유지했고 명문대에 합격했다. 대학 생활을 즐기고 있을 줄 알았다.

'엄마 원하는 대로 공부해줬잖아. 대학 붙어 줬잖아. 이제부턴 내가 하고 싶은 대로 할 거야.' 입학을 거부했다. 부모 도움 필요 없다며 빵집과 편의점에서 일했다. 몇 달만 하겠지 했는데 1년 넘게 하고 있었다.

"저… 반년 넘게 매일 울었어요. 현아가 가여워서요. 엄마 욕심 때문에 얼마나 힘들었을까요. 미안해서 눈물만 났어요."

현아는 부모 기쁘게 해주려고 10년 넘게 참았다. 나도 떳떳하지 않다. 부모 목표에 맞춰 현아를 대했다. 공부를 좋아하는 줄 알았다. 해야 할 일, 빈틈없이 해냈다. 부모님과 선생님 기대 때문에 싫다는 말도 못하고 시키는 대로 해냈다. 통화 후 1년이 지나 길에서 어머니와 현아를 만났다. 두 사람은 행복해 보였다. 현아는 아르바이트 하며, 만화 공부를 하고 있었다. 현아 어머니는 현아가 용돈도 준다며 미소 지었다.

## 아빠 체면을 위해

명문대 출신 학부모가 있었다. 윤재 아버지는 대기업 고위 간부, 어머니는 교수였다. 영어유치원에 원어민 개인 과외까지 받았지만, 투자한 시간과 돈에 비해선 결과가 미비했다. 윤재는 말수가 적었다. 영어를 입 밖으로 내지 않았다. 영유아 때부터 영어를 과도하게 시켰다.

"윤재야, 영어 좀 해봐. 유치원에서 뭐 배웠어?"

배운 걸 확인할수록 꽉 다문 조개처럼 입을 열지 않았다.

"우리 부부가 학습 지진아를 낳을 줄 몰랐어요."

학습 지진아. 예상치 못한 단어였다. 부모가 자기 자식을 학습 지진아라니…! 윤재는 기대치에 못 미쳤을 뿐이지 역량이 부족하지 않았다. 아무리 몸에 좋은 음식이라도 한 번에 먹을 수 있는 양이 있다. 아이 성향 생각하지 않고 좋다는 교육을 한꺼번에 했다. 한국어 완성 전에 영어부터 꾸역꾸역 밀어 넣었다. 언어장애를 갖게 됐다. 어머니는 윤재 상황을 받아들였지만, 아버지는 인정하지 못했다.

"윤재 아빠 부하 직원 아들은 명문대 합격했어요. 윤재가 이름 없는 대학에 가면 자기가 뭐가 되냐며 펄펄 뛰어요. 남편 처지도 이해 가고 아이 보면 안쓰러워요."

현아와 윤재는 부모의 목표를 위해 공부해줬다. 착하고 성실했던 두 아이는 부모가 실망할까 봐 싫다는 말도 못 했다. 나는 어떤지 생각해봤다. 학생 성적에 따라 자존감이 오르락내리락했다. 학생 성적에 따라 어깨가 한껏 올라가거나 축 처졌다. 학생을 위한다면서 학원 자존심을 앞세웠다.

"아이들 오면 한 번 이상은 꼭 웃게 해주세요."

"수업 시간엔 혼내도, 마칠 때는 웃으며 보내주세요."

0순위 수업 매뉴얼이다. 학교 마치고 지쳐서 온 학생을 웃게 해 주고 싶다. 공부는 살벌하게, 쉴 땐 웃음 빵~ 터지게 재밌는 학원으로 만들어가고 있다. 분기마다 학생과 상담하며 현아와 윤재처럼 학부모와 선생님의 기대로 힘들어하는 학생은 없는지 살핀다.

"It's not your fault."

영화 〈굿 윌 헌팅〉의 명대사다. 상대방의 마음을 알아준다는 것. 공부를 대신 해줄 순 없어도, 견디고 나아갈 힘은 주리라 믿는다. 실력도 쑥 올려 주고, 웃음도 주는 학원 만들기, 내 평생 과제다.

# 부모가 대신 공부해주면 생기는 일

"지금까지 엄마 노력으로 실력 쌓았어요. 이젠 혼자 단어 외워야 하는데 '나 몰라라' 해요. 문법도 조금만 어려우면 무조건 모른대요. 손톱만큼도 이해하려고 하지 않아요. 제 잘못이에요. 혼자 할 수 있게 키웠어야 했는데, 다 떠먹여 줬더니⋯."

재훈이는 고1 2학기에 등록했다. 어떤 과정을 거쳤을지 훤히 보였다. 태어나서부터 초등학교까지 엄마가 떠먹여 주는 영어 밥만 먹었다. 젓가락·숟가락을 쓸 기회가 없었다. 초등학교부터는 스스로 공부하는 습관을 잡아 줘야 하는데, 재훈이 어머니는 두려웠다. 손 놓으면 제대로 못 할 게 뻔했다. 완벽주의자인 어머니는 아들이 실수하고 못하는 걸 견딜 수 없었다. 영어 영재라는 타이틀, 놓치기 싫었다.

영어 영재 재훈이는 중학교 2학년부터 평범한 아이가 되었다. 엄마 간섭은 싫은데, 막상 혼자 할 수 있는 건 없었다. 중학교 때부터 흔들렸던 영어는 고등 영어 앞에서 무너졌다. 보다 못해 어머니가 다시 끼고 가르쳤지만, 쓰나미처럼 몰려오는 학습량에 결국 두 사람 다 자포자기했다.

당장 내 아이가 뒤처지는 게 싫어 다 해 주면 스스로 할 수 있는 기회를 뺏는 것이다. 안 하는 게 아니라 어떻게 해야 하는지 몰라 손을 못 댄다. 공부는 장거리 여행이다. 서울에서 부산까지 갈 때, 부산이라는 최종 목적지를 정한다. 그런 다음 표를 예매한다. 대전, 대구 등 작은 목적지에 하나씩 도달한 후 부산에 도착한다. 공부도 이와 같다. 큰 그림과 방향은 부모와 선생님이 함께 잡아 주고, 목적지에 도착하는 과정은 학생이 해내야 한다.

## 중학교 때 같은 성적, 고등학교 때 2등급과 5등급

우석이와 종혁이는 유치원 때부터 친구였다. 중1 겨울 방학 때 같이 등록했다. 두 명 모두 중학 내내 영어 성적이 93~97점이었다.

우석이는 첫째였고, 부모의 전폭적인 관심을 받았다. 종혁이는 둘째였고, 스스로 공부했다. 우석이는 공부에 흥미는 없지만 해야 할 일은 억지로라도 했다. 이해력은 좋았지만, 암기를 싫어했다. 눈으로 공부했다. 부모가 10년 넘게 쌓아 준 독서력과 영어 배경이 있었기에 중학 과정은 2주 바짝 준비하면 90점대는 무리 없었다.

고등학교 1학년 1학기 중간고사에서 우석이는 5등급, 종혁이는 2등급을 받았다. 중학교까지 점수 차가 3점 이상 나지 않았는데, 고교 입학 후 3등급이나 차이 났다. 우석이는 4~5등급에서 벗어나지 못했다. 종혁이는 전교 5% 안에 들어 학교에서 보내주는 단기 해외 연수에 다녀왔다. 어릴 때부터 스스로 했던 종혁이는 서울 중위권 대학에, 우석이는 지방대에 입학했다.

영어 영재 소리 듣던 아이가 중·고등학교 때 평범해지는 걸 종종 본다. 스스로 공부하는 법을 몰라서다. 부모가 밥과 반찬을 입에 넣어 줘서, 숟가락을 잡아 본 적이 없었다. 손을 놓으니, 어떻게 잡아야 하는지조차 모른다. 잡더라도 입으로 가져가기까지 많이 흘리고 시간도 걸린다. 자립심 없는 아이로 키운 건 부모다. 왜 스스로 못하냐고 불평불만하며 자신과 자녀에게 스트레스를 안긴다. 초등학교 때 영어 영재면 무슨 소용인가? 고등학교 때 영어 내신 6등급인데. 자녀에게 서툰 면이 보이더라도, 스스로 일어설 때까지 기다려줘야 한다. 학원 역시 학생이 제대로 된 방향으로 나아갈 수 있게 학부모와 꾸준히 소통해야 한다. 학부모는 자녀 문제라서 객관적 시각을 가지기 어렵다. 마음이 조급하다. 틀린 길로 급하게 가려 할 때, 속도를 늦추게끔 도와주는 게 학원의 역할이다.

# 영어보다 먼저 교육하는 '이것'

'친구 외모, 가정 환경, 성적에 대해 말하지 않기'

'결석·지각하지 말기, 과제 잘해오기'보다 더 중요한 규칙이다. 학생의 솔직함을 사랑하지만, 친구 마음을 다치게 할 정도라면 곤란하다. 자기를 돋보이게 하려고 친구 흉을 본다. 자기보다 조금만 뒬 못하면 다른 아이들 보는 앞에서 무시한다. 외모, 옷차림, 물건, 사는 곳을 보고 친구를 평가한다. 학생은 자기가 내뱉은 말이 친구에게 어떤 상처를 주는지 모를 수 있다. 그래서 환경을 바꾸고 규칙을 정했다. 지키지 않으면 따끔하게 야단치고, 학부모에게 연락한다.

"왜 맨날 같은 옷 입고 다녀?"

"너는 왜 그런 데 사니?"

"비행기도 안 타 봤어?"

"그것도 안 먹어 봤어?"

"왜 그렇게 뚱뚱해?"

"너는 스키도 안 타봤냐?"

"우유 좀 먹고 키나 커라."

우리 학원 초등학생 대화다. 본 대로 느낀 대로 '지나치게' 솔직하다. 내 아이가 밖에서 '너는 왜 그런 데 사니?'라는 말을 듣고 온 걸 알았을 때 부모 마음은 어떨까.


윤호는 초등 3학년이었다. 키가 또래보다 차이 나게 작았고 두꺼운 돋보기안경을 썼다. 어느 날, 학원 문밖에서 윤호 어머니가 기다리고 있었다.

"오늘 월차 냈어요. 윤호 데리고 미용실도 가고 자장면 함께 먹으려고요."

수업 마친 윤호는 어머니를 보자 뛸 듯이 걸어왔다.

"윤호야, 오늘 어머니랑 자장면 먹으러 가서 좋겠다."

윤호 입이 귀에 걸렸다.

그때, 승희가 학원에 들어섰다. 지나치게 솔직하고 해맑고 인사 잘하는 초1 여학생이었다.

한발 늦었다. 승희는 또…, 보이는 대로, 느낀 대로 말했다.

"안녕하세요. 아줌마. 얘는 왜 이렇게 뚱뚱해요? 몇 학년인데 키가 작아요? 왜 두꺼운 안경 썼어요?"

윤호는 다음 날부터 연락 없이 나오지 않았다. 거의 한 달 교육비가 남아 있었다. 돌려주려 했지만, 문자 답장도 없고 전화도 받지 않았다. 월차 내고 모처럼 평일 낮에 아들과 시간을 보내려 했다. 윤호는 엄마랑 여기저기 구경하고 자장면 먹을 것을 기대했다. 엄마를 보고, 반가워 뛸 듯 다가왔던 윤호가 머리에서 떠나지 않았다. 승희의 말에 울 듯했던 윤호 얼굴이 지워지지 않았다.

승희의 솔직함이 종종 당황스러웠지만, 여덟 살 아이라서 따끔하게 야단치지 못했다. 일부러 그런 건 아니니까 하며 넘어갔다.

그러다 승희로 인해 그만둔 학생이 두 명 더 생겼다. 더 이상 상처받는 아이가 없기를 바랐다. 승희 어머니에게 사실을 말씀드렸다. 승희 때문에 학생이 그만뒀다는 이야기는 하지 않았다.

"승희가 좀 솔직하긴 해요. 그래도 친구한테 아무 말이나 하는 아이가 아니에요."

다음 날 승희도 나오지 않았다. 자녀가 밖에서 어떤 말과 행동을 하는지 부모가 알아야 한다.

6학년 찬호와 5학년 성준이는 보고, 듣고, 느낀 걸 머리에 담아 두지 못했다.

'제발 저 입 좀 다물었으면…'

말 가려서 하라고 해도 1초 만에 튀어나왔다.

"보이는 대로 말한 거예요. 나쁜 뜻 없어요. 거짓말 아니잖아요."

왜 야단맞는지 몰랐다.

"우리 부모님은 좋은 직장 다녀서 비싼 식당 가는데, 얘네 집은 안 그래요."

찬호와 성준이는 막상막하 솔직함으로 서로를 공격했다. 학원 밖에서는 더 심한 말이 오갔던 모양이다.

성준이 어머니가 전화했다.

"성준이 그만두려고요. 같은 시간에 찬호라는 아이 있죠? 성준이가 상처 많이 받았어요. 안 가겠대요."

우선 사과했다. 차마 말하지 못했지만, 이런 말을 전하고 싶었다.

'어머니! 성준이도 찬호와 다른 아이에게 그렇게 말했어요. 성준이가 친구한테 그러는 건 괜찮고, 듣고 오니 기분 나쁘신가요? 성준이 때문에 마음 다친 아이들이 한둘이 아니에요!'

내 아이 상처가 커 보이겠지만, 제3자의 눈으로는 '똑같이' 잘못했다.

"둘 다 똑같이 잘못했어요."라는 말로 기름을 붓지는 않았지만, 목구멍까지 올라왔다.


인성 교육은 부모 몫이지만, 학원 내에서 일어나는 학생 간 문제는 원장과 강사 모두 관심을 가져야 한다. 가정 환경과 외모는 학생이 선택할 수 없다. 친구에게 '평가'받아서는 안 된다. 학원 규칙을 점점 까다롭게, 자세하게, 엄격하게 정하게 된 배경이다.

학부모는, 집에서 말 안 듣는데 영어 학원에 가면 착해진다고 만족해했다. 예절학교 보내는 기분이라 했다. 학생도 선생님 성향 봐가며 행동한다. 같은 지역 수학 원장님에게 전화가 왔다.

"원장님! 호진이요. 영어 숙제는 잘해 오나요?"

"○○초등학교 6학년 호진이요? 숙제 잘하고, 싹싹해요."

"어머머…, 진짜요? 어제도 저한테 대들고 같은 반 아이에게 시비 걸었어요."

단단한 학원의 시작은 학생 태도부터 바로잡는 것에서 출발한다. 영어보다 태도가 중요하다.

# 영어 무학년제 시스템, 문제점과 개선 방향

1:1 개별지도, 무학년제, 그룹 수업 부분 병행.

우리 학원 수업 시스템이다. 초등학교 4학년까지는 개별 진도 위주로 수업한다. 독해와 문법 비중이 높아지는 5~6학년부터 그룹 수업을 조금씩 늘린다. 과목과 목적에 따라 다르겠지만, 그룹 60분보다 시간이 짧아도 1:1 개별 맞춤이 더 효과 있었다. 그룹 수업은 다음의 경우에 병행한다.

- 단기간 공통의 목표가 있을 때
- 마감 기한을 정해 놓고 집중해서 복습해야 할 때
- 액티비티가 필요할 때
- 문법 설명을 길게 해야 할 때

## 그땐 그랬지

듣기 교실, 랩스쿨, 무학년제, 1:1 개별 지도. 이런 수업 방식이 언제 등장했는지는 모르겠다. 지금이야 일반적인 형태지만, 내가 창업했을 때는 강의식 판서 수업이 대세였다. 상담할 때마다 시스템을 설명하느라 진땀 뺐다. 수업 장면을 본 학부모의 표정이 한결같았다.

'도떼기시장 같아요.'

말하지 않았지만, 얼굴 보고 읽었다. 검사받느라 왔다 갔다 하고 등원 시간이 달라 들락날락하는 걸 보고 당황해했다. 학생이 떠들지 않아도, 학부모는 그렇게 생각했다.

도떼기시장은 상품, 중고품, 고물 따위 여러 종류의 물건을 도산매, 방매, 비밀 거래하는 질서가 없고 시끌벅적한 비정상적 시장을 말한다.

(네이버 국어사전)

인정한다. 초기 우리 학원 모습과 싱크로율 100%다. 학년과 레벨이 뒤섞여 있어서 질서가 없고 시끌벅적했다. 등원 시간도 자유로웠다. 다음은 초창기에 많이 받았던 질문 네 가지다.

■ 산만하지 않아요?

학생은 검사받느라 수시로 왔다 갔다 했다. 등원 시간도 제각각이었다. 개별 진도, 자유로운 등원 시간. 산만하게 보이는 이유였다. 20명이면 20명 모두 진도가 달랐다. 한가할 때는 다섯 명 미만이다가, 몰리는 시간에는 열다섯 명이 넘었다. 초등 고학년과 중등부가 겹치는 4시, 중등부와 고등부가 겹치는 6시에 바짝 학생이 많았다. 이 시간에 학부모가 결제하러 들를까 봐, 초보 원장 시절 마음이 조마조마했다.

■ 개인 과외인가요?

'1:1 개별지도 시스템'이라 했더니 과외냐고 질문하는 학부모가 그렇게나 많았다. 나는 당연히 알아도 상대방은 전혀 다르게 이해할수 있다. 개별 지도 시간이 짧아 실망하는 분도, 진짜 공부는 이렇게 해야 하는 거라며 마음에 들어 하는 분도 있었다.

■ 선생님은 뭐해요?

무학년제 시스템에선 선생님이 앉아서 가르친다. 학생에게 CD 듣게 하고, 문제 풀게 하니 선생님은 가만히 있는 것처럼 오해받았다. 선생님 옆에 앉혀 두고 개인 지도하는 시간은 짧지만, 학생이 들어와서 나갈 때까지 전 과정을 코칭한다. 오는 시간이 다르니, 가는

시간도 다르다. 각기 다른 진도와 일정을 가진 학생을 챙기려니 온
종일 화장실 한 번 마음 편히 가기 어려웠다.


■ 담임은 누구죠?

담당 선생님이 정해져 있지 않아 불안하다는 질문도 받았다. 담당
은 달라도 같은 시스템을 적용한다. 학습에 지장을 주지 않는다. 완벽
한 선생님은 없다. 한 사람에게만 배우다 보면 부족한 면이 보완되지
않는다. 맞지 않는 선생님과 계속해야 하는 불편함도 있다.


## 무학년제 시스템 단점을 장점으로 바꾸기


USB를 정리하다 2년 차에 쓴 공문을 발견했다. 얼마나 속상했
으면 이런 글을 보냈을까. 시간표 문제로 적잖이 스트레스를 받았구
나 싶어 웃음도 났다. 참다 참다 못해 어렵게 보냈을 것이다. 우리
학원이 다른 학원 시간표에 치어 늘 뒤로 밀리는 상황, 유쾌하지 않
았다. 다음은 공문 내용 일부다.


부탁 말씀드립니다.

저희 학원은 다른 학원 시간표나 개인 사정에 따라서 이리저리 언
제든 시간을 바꿔도 되는 학원이 아닙니다. 잦은 시간표 변경은 업무

상·관리상 많은 어려움이 있습니다. 학생들을 집중해서 지도할 수 있게끔 시간 지켜서 보내주시면 감사하겠습니다.

■ 편한 시간에 등원 → 30분 간격 등원(시간 고정)

헬스클럽에 등록할 때마다 제대로 다니질 못했다. 6개월 끊어놓고 실제 다닌 건 한 달이나 될까. 집 근처에 365일 24시간 오픈하는 곳이 생겼다. '이제 매일 갈 수 있어. 헬스장 기부 천사 끝이야.' 웬걸… 6개월 동안 열 번도 가지 않았다. 전보다 더 안 갔다.

'아무 때나 가도 되니까.' 이게 문제였다. 학생을 배려해 주느라 편한 시간에 오도록 했다. 별일 아닌 걸로 수시로 결석했고, 학습 습관이 무너졌고, 퇴원으로 이어졌다.

■ 정(靜)적인 선생님 → 동(動)적인 선생님

"지금 어디 들어? 책에 손가락 짚어 봐!"

CD를 듣게 했더니 라디오를 듣고 있었다. 20~30분에 한 번씩 헤드셋을 불시에 뽑아 제대로 듣고 있는지 확인했다. 옆에 있던 아이들도 긴장하여 딴짓하지 못한다. 교사가 가만히 앉아 학생 하는 걸 지켜보고, 다할 때까지 마냥 기다렸다가 확인하는 게 자기 주도 학습이 아니다. 능동적으로 과정을 확인하며, 학생이 집중하도록 이끌어줘야 한다.

■ 산만하다 → 매일 학습 루틴 정하기

학습 진행 순서를 습관화시켰다. 루틴이 되었다. 등원하면 복습 테스트하고 단어와 문법을 공부하고 독해를 공부하고 마지막에 듣기를 한다. 듣기는 초반에 하기도 하는데, 마무리로 하는 게 학습 효과가 좋았다. 집중 듣기 하면서 그날 배운 단어와 문법을 총정리한다. 중심 루틴은 고수하지만, 세세한 루틴은 느슨해지는 것을 방지하기 위해 분기마다 변화를 준다.

초보 원장일 때는 학생을 오래도록 끼고 가르쳐야 한다고 생각했다. 개인 과외 수준으로 가르쳤다. 끼고 가르칠수록 실력이 빨리 느는 것 같았다. 학부모에게도 내가 얼마나 열심히 가르치는지 어필할 수 있었다. 그러다 학생 태도를 보고 잘못되었다는 걸 알았다.

공부 주체가 바뀌어 있었다. 학생 공부가 아니라 선생 공부였다. 알아서 다 해주니, 학생은 머리를 쓰지 않았다. 편히 앉아 있다 떠먹여 주는 영어 밥 먹고 그대로 일어났다. 모르는 거 일일이 설명해 주고, 같이 문제 풀어 주고, 숙제할 때도 옆에 있어 주는 게 선생님 역할인 줄 알았다. 초중고 내내 함께 있을 것도 아닌데…. 스스로 할 수 있도록 방법을 알려 줘야 했다.

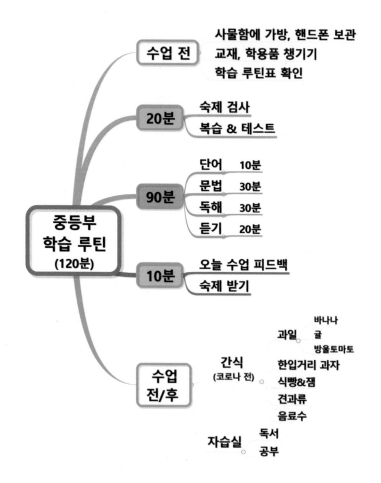

# 말도 많고 탈도 많은 보충 수업

"아… 진짜 짜증 나."

"누군데?"

"영재 수학 학원 선생님."

"왜 전화하신 거야?"

"보충 더 시키겠다고. 무턱대고 갑자기 그러는 거 정말 싫어."

"안 하겠다고 하지?"

"말했어. 근데… 굉장히 섭섭해하면서 싫은 내색 하잖아. 영재도 힘들어하고 그만두려고."

친구는 워킹맘이다. 퇴근하고 밥 좀 먹으려는데 전화해서 제일 싫어하는 걸 하겠다니 쌓였던 불만이 터졌다. 초보 원장이었다면 이해하지 못하고 따졌을 거다.

'더 해준다는 데 뭔 불평불만이야? 돈 더 받는 것도 아니고. 선생님이 더 힘들어! 알기나 해?'

더해 주는 거 싫은 학부모도 있었다. 의외로 많았다. 무조건 많이 해주면 되는 줄 알았다. 학부모 속마음은 알지 못하고 내 만족을 위해 열심히 했다.

'우리 학원은 이렇게 열심히 하고 있어요. 자녀가 실력 오르지 않아도 우리 탓 아니에요.'

이런 생각도 가끔 했다.


반대로, 보충 수업은 학원의 의무가 아닌데 당연하게 요구하는 학부모가 있다. 학생을 위해 하지 않아도 되지만, 하는 것이다. 학부모와 학생이 마치 맡겨 놓은 물건 찾는 것처럼 "보충 안 해주세요?" "언제 보충 해주세요?"라고 먼저 요구할 수 없다. 한 고등학생이 수업 시간에 건방진 말투로 보충해 달라고 하길래, 한 마디 해줬다. "너는 결석했어도 선생님은 그 시간에 수업했어. 네가 놀러 가놓고, 내가 왜 보충해? 너만 가르치는 개인 선생님이니?"


주먹구구식 보충 수업을 싫어하는 학부모, 수업 빠져서 돈 아까운 학부모, 진짜 보충이 필요한 학생을 위해 보충 수업에도 시스템을 입혔다. 정해진 보충 이외에는 하지 않는다. 1년 치 보충 계획, 보충 시행 이유, 규칙을 미리 공지한다.

■ 보충 수업 매뉴얼
- 매달 2회 제공
- 11, 12회차 수업이 보충 수업
- 정규 수업 시간과 분량 동일
- 결석 여부와 상관없이 모든 학생에게 제공
- 결석생에게는 보충 수업, 올 출석 학생에게는 복습 & 심화 수업
- 1년 총 24회(두 달 수업 분량), 정규 수업과 똑같은 시간 제공
- 내신 기간 내 주말 보충 추가(중등부 3주, 고등부 4주)

## 매달 정규 보충 수업을 시행하는 이유

### 1. 보충도 정규 수업만큼 수준 높게

한 달 총 12회 수업한다. 10회는 교육비에 포함하는 정규 수업이고, 11~12회 차는 보충 수업이다. 보충도 정규 커리큘럼으로 고정해서 제대로 가르친다는 것을 학부모에게 보여준다. 학생은 보충인지 뭔지 알지 못한다. 원래 하던 시간에서 늘어나거나, 다른 요일에 다시 오는 게 아니기 때문에 거부감 없이 공부한다. 다른 시간에

오게 하면, 원래 오던 학생에게 피해가 가는데 그럴 일도 없다. 선생님도 따로 시간을 내지 않아도 된다. 보충을 시스템화한 건 선생님의 휴식 시간을 보장해 주기 위한 이유도 있다.

### 2. 성실한 학생의 학습권을 지켜주자

우리 학생들의 수업 태도는 깐깐한 내가 인정할 만큼 우수하다. 분 단위로 진행하는 밀도 높은 수업을 집중해서 참여한다. 하지만 개성 강한 학생들이 한 공간에 있어서 변수는 존재한다. 성실한 학생이 불성실한 학생 때문에 피해 보는 일을 최소화한다.

### 3. 교육 상품에도 AS가 필요하다

교실 수업은 기성 제품이 아니다. 실시간 에너지와 감정이 고갈되는 교육 상품이다. 똑같이 최상의 컨디션으로 수업하지 못한다. 상품이 아니라서 교환할 수도 없다. 물건처럼 고장 여부를 확인하기 어렵다. 매달 11~12회 차 수업에서 정기 점검한다.

한 번씩 결석이 있거나 휴가로 2주 이상을 결석해도 누적 보충 수업 분량과 앞으로 받을 수업을 고려하면, 수업이 부족하지 않다. 정규 수업 출석률을 보면 초등부는 100%에 육박하고, 중·고등부도 90%다. 결석률이 꽤 낮아서 보충 수업은 우리 학원 고객을 위한 투자인 셈이다. 학부모, 학생, 선생님 모두 만족한다.

보충 수업 매뉴얼대로 진행한 이후부터 '보충 언제 해줘요? 결석했는데 환불 안 되나요?'라는 말을 들은 지 오래다. 제각각의 개인 사정을 들어주면 학원 경영이 흔들린다. 고객의 불만을 없애줄 명확한 기준을 세운 후, 확고한 시스템으로 밀고 나갔다.

# 상위권 사로잡은 시그니처 콘텐츠 3가지

3장에서 치킨무에 관해 썼다. 모든 치킨집에 다 있는 것이지만, 내가 일했던 곳의 무는 남달랐다. 메인 메뉴만큼 인기 있었고 단골 손님을 끌어모았다. 우리 학원에도 그런 역할을 하는 콘텐츠가 세 가지 있다. 단어의 달인 선발 대회, 문법 특강, 대외 시험이다. 어느 학원에서나 있을 법한 프로그램이지만, 보다 전문화해서 온리원으로 만들었다. 단어 시험은 규모가 크고, 문법 특강은 1년 내내 하고, 대외 시험은 원장, 강사, 학생이 함께하는 우리의 문화다.

## 단어의 달인 선발 대회 : 영어 철자 1,000자 쓰기

영화 〈반지의 제왕〉이 개봉했을 때는 '단어의 제왕', 〈생활의 달인〉이 인기 있을 때는 '단어의 달인'이라고 불렀다. 학생들의 아이디어다. 1년에 한 번 1월에 실시한다. 학부모가 가장 좋아하는 프로그램이다. 평상시에 신경 쓰지 못했던 분도 관심 가진다. 10등 안에 드는 학생은 서울 상위권 대학에 대부분 진학했다. 1등 상금 10만 원, 부상으로 5만 원 상당 치킨과 피자를 집으로 보내준다. 단어의 제왕 1등의 명예는 상당한 자부심이다. 게시판에 역대 우승자들을 게시한다. 중·하위권 학생들에게도 1년 전과 비교해서 얼마나 발전했는지 알 수 있는 척도가 된다. 오늘의 성장은 눈에 보이지 않아서 뭐가 늘었는지 알지 못한다. 제자리걸음이라 생각했던 학부모도 1년 전 것을 보여주면, 안심한다.

안녕하세요. 단어의 제왕 선발 대회가 한창 진행 중입니다. 1,000개 철자 쓰기 중 600개 완료했습니다. 중간 결과를 말씀드리면, 지금까지 600개 만점 학생들은 총 3명이고, 1개 틀린 학생들은 2명입니다. 매일매일 보는 단어들이라도 막상 정확하게 쓰기는 만만치 않습니다. 장학 미션을 통해 학생들이 다양한 경험과 실력을 쌓고 자기에게 맞는 학습 방법을 일찍 찾기를 희망합니다. 남은 400개 철자 쓰기도 최선을 다할 수 있도록 관심 부탁드립니다. 편안한 저녁 되세요.^^

단어 시험 안 치는 영어학원은 없다. 단어 누적 복습 안 하는 영어학원도 없다. 어휘력 쌓아준다는 홍보는 누구나 다 한다. 확실히 차별화하여 시그니쳐 콘텐츠로 만들었다.

## 대외 시험

초등부는 영어 실력을 객관적으로 평가하기 어렵다. 6개월, 1년 단위로 학습을 어느 정도 흡수하고 있는지 평가하는 과정이 필요하다. 과거에는 PELT, TESL, TOSEL을 보다가 현재는 TOSEL만 본다. 중·고등부 상위권 학생 중심으로 토익을 일 년에 1~2회 본다. 선생님들과 나도 응시한다. 토익 시험을 위해 학원에서 특별히 준비하는 것은 없다. 무슨 시험이냐고 물어보면, 학교 듣기랑 비슷하다고 가볍게 얘기한다. 고등학생에게는 모의고사랑 비슷한데 문항 수가 더 많다고만 얘기한다.

중학교 상위권은 500점 이상, 고등부 상위권은 700점 이상 나왔다. 토익 학원 다니는 대학생보다 높은 점수다. 토익을 봤던 학생 대부분이 서울 상위권 대학에 진학했다. 범위 있는 시험도 아니고, 대비를 하지도 않았는데 기대 이상 점수가 높으니 학부모는 우리 학원 커리큘럼과 빈틈없는 관리 능력을 인정했다. 이보다 확실한 증거는 없다. 상위권이 찾는 학원이 되었고 다른 학원으로 옮기지 않았다. 다른 영어 전문학원으로 옮기는 일은 좀처럼 없다.

학생도 성인 못지않게 재미와 성취감을 느낀다. 선생님과 엄마가 보라고 해서 보는 시험이지만 친구와 시험장에 가고, 끝나고 맛있는 거 먹는 재미도 컸을 것이다. 대외 시험을 치르고 나면 학생이 한층 성장한다. 장애물이 싫어서 도전하지 않는 아이와 극복하고 견딘 아이의 차이랄까. 확실히 깊이가 다르다. 태권도 시합, 피아노 연주회, 미술 대회에 나가듯, 영어도 경험을 확장해 준다. 학부모도 준비 과정에서 성장하기를 바라는 마음에서 응시를 권한다. 대외 시험을 치르고 나서 신입생 증가율이 항상 높았다.

## 문법 특강

문법을 잘 가르치기로 소문난 이유는 특강 덕분이다. 초·중·고등부를 같이 운영하기 때문에 초등 저학년을 제외하고는 문법이 필요하다. 영어를 재밌게 공부하다가 문법을 만나면 공부로 느껴 흥미를 잃는다. 문법의 두려움을 깨주기 위해 흥미 있는 콘텐츠로 복습한다. 같은 방식으로만 수업하면 안다고 착각하기 때문에 새로운 방식으로 자극을 준다. 주말 원데이, 봄 방학 1주, 여름 방학 1~2주 단기, 겨울 방학 4주 특강이 있다.

● 콘텐츠 : 영어 속담 100개, 애니메이션 영상과 대본, 교과서

　　 지문 100편 읽기, 방탄소년단 연설문, 팝송

　　 예전엔 교과서만 외우면 만점에 가깝게 내신 성적을 얻을 수 있었다. 지금은 응용력, 순발력, 상황 이해력이 절대 필수 요건이다. 오늘 배운 문법이 영어권 사람들이 실생활에서 사용하고 있다는 것을 알려준다. 정규 수업에서는 내신 대비에 초점을 맞춘다. 특강에서는 말하기와 영작을 위한 실용 문법에 비중을 둔다. 시청각 자료를 활용하여 복습한다. 정확한 문법 사용 능력과 함께 듣기 실력, 응용력, 상황 이해력을 동시에 높여 준다.

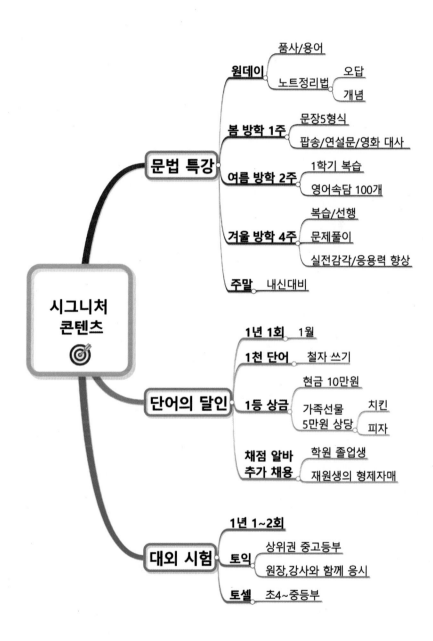

시그니처 콘텐츠

문법 특강

원데이
- 품사/용어
- 노트정리법
  - 오답
  - 개념

봄 방학 1주
- 문장5형식
- 팝송/연설문/영화 대사

여름 방학 2주
- 1학기 복습
- 영어속담 100개

겨울 방학 4주
- 복습/선행
- 문제풀이
- 실전감각/응용력 향상

주말
- 내신대비

단어의 달인

1년 1회
- 1월

1천 단어
- 철자 쓰기

1등 상금
- 현금 10만원
- 가족선물 5만원 상당
  - 치킨
  - 피자

채점 알바 추가 채용
- 학원 졸업생
- 재원생의 형제자매

대외 시험

1년 1~2회

토익
- 상위권 중고등부
- 원장,강사와 함께 응시

토셀
- 초4~중등부

# 중·하위권 학생을 위한 분기별 장학 미션

학교의 수행 평가처럼 결과보다 과정을 평가한다. 영어 실력과 상관없이 과제 수행만 하면 상을 준다. 공부 잘하는 학생은 정해져 있다. 성적도 웬만해선 크게 뒤집히지 않는다. 잘하는 학생에게만 상 주고 싶지 않았다. 성실하다고 누구나 1등을 하는 건 아니다. 학교 성적이 나쁘고 영어를 못해도 장학 미션에선 중위권 이하 학생도 1등 상을 받는다. 그림 그리기, 노래 부르기, 춤추기 등. 각자가 좋아하거나 잘하는 걸로 충분히 인정받는다. 1년에 4번 3, 6, 9, 12월에 다음과 같은 목적으로 시행한다.

첫째, 동기부여다. 노력이 필요한 아이에게 작은 성공의 기회를 줘서 흥미와 자신감을 심어 준다.

둘째, 복습의 기회를 넓힌다.

셋째, 석 달에 한 번은 집중 학습을 한다. 영어는 꾸준함이 생명이지만 이것만으로는 부족하다. 분기 또는 반년마다 짧게라도 영어에 몰입하는 시간이 필요하다.

- 콘텐츠 : 원서 낭독, 독서 노트, 영어 끝말잇기(사전, 교재 참고), 애니메이션 주제곡 부르기, 원서 표지 그림그리기, 영화 주인공 따라 하기 동영상 등
- 평가 방식 : 학습 태도와 미션을 각각 50%씩 반영한다.
- 장학금 : 1등(3만 원), 2등(2만 원), 3등(1만 원)

다음은 '영화 주인공 돼보기 미션'에서 1등과 2등을 차지한 학생의 학부모에게 보낸 문자다.

도전작 〈미녀와 야수〉 중 '벨과 개스통의 대화 장면'

언어로서 영어는 온몸으로 손짓 발짓까지 동원하여 익혀야 비로소 자기 것이 됩니다. 그대로 실천했습니다. 1분 30초 동안, 1인 2역을 하며 일어났다 앉기를 7번이나 했습니다. 좌우로 자세 변경하고,

성대모사, 표정 변화까지… 대사 암기만으로도 힘들었을 텐데, 가쁜 숨을 고르면서 온몸으로 열정적으로 연습했습니다. 힘든 과정이지만, 밝은 성격으로 즐기며 했으리라 생각합니다. 지수에게 큰 박수를 보냅니다. 선생님과 친구에게 웃음, 행복 그리고 보람을 느끼게 해 주어서 더없이 기쁩니다.

도전작 : 애니메이션 〈주토피아〉 주제곡 'Try everything'

대사 암기를 완벽하게 해냈습니다. 주제곡과 비교해서, 1초의 오차도 없이 정확하게 맞아떨어졌습니다. 발음, 억양, 감정 표현도 자연스러웠습니다. 지민이가 2년간 녹음과 쉐도우 스피킹 과제를 빠짐없이 했는데요. 그동안 갈고닦은 실력을 충분히 느꼈습니다. 지민이에게 큰 박수를 보냅니다.

# 과제 매뉴얼 4원칙

학원 문을 나서는 순간, 뭘 배웠는지 잊어버린다. 과제 하면서 자기 걸로 만들어야 학원 다니는 효과가 배가 된다. 머리에 차곡차곡 쌓지는 않고, 야단맞을까 봐 노트만 채워 온다. 팔 운동하려고 학원에 다니는 건 아닐 텐데. 혼나지 않으려고 하는 학생과 자기를 위해 하는 학생은 결과가 하늘과 땅 차이다.

"숙제만 딱 해요. 시키는 거 고것만! 조금 더 하면 얼마나 좋아요."

"소리 질러야 겨우 해요. 아주 속 터져요."

"실컷 놀다 학원 가기 직전에 하는데, 뭐가 도움 되겠어요."

자녀가 잘하든 못하든 학부모도 불만이다. 과제라도 성실히 하는 게 어디냐 싶은데 또 부모 욕심은 그게 아니다.

## 1. 과제는 집에서

새벽까지 유튜브 보고 카톡 한다. 학원 숙제는 학교에서 한다.

공책엔 지렁이를 그려놓는다. 영어인지…, 아랍어인지….

학원 수업 시간 10분 전, 학원 상가 계단에 쭈그리고 앉아서 한다.

복도에서 과제 하다 내가 보이자 후다닥 잽싸게 달아난다.

심지어 걸어가며 문제집 푸는 묘기도 부린다.

학생들 과제 천태만상이다.


"과제는 homework야. 집에서 하는 거라고!"

학원에 남겨서 과제 시키지 않는다. 집에서 해오라고 못 박는다. 학원 없으면 숙제는 손도 못 대는 학생, 스스로는 아무것도 못 하는 학생이 되길 바라지 않는다. 집에서 과제를 안 하니 학원에 남겨 봐주기를 바라는 학부모도 있다. 학습의 주체는 학생과 학부모다. 학원 분위기에 따라 공부 방식이 바뀌는 건 좋지 않다.

A 학원은 남겨서 시킨다.

B 학원은 집에서 하라고 한다.

C 학원은 과제를 내주지 않는다.

학원 옮길 때마다 학습 패턴이 왔다 갔다 하면, 혼란을 준다. 나는 학생에게 '책임'과 '기회'를 선물한다. '스스로 하는' 역량을 길러주기 위해서다.

## 2. 과제는 학생 눈높이에 맞게

눈높이에 맞는 과제만큼 중요한 것이 눈높이에 맞는 설명이다. 숙제를 책, 노트, 알림장에 써줘도 집에 가면 까맣게 잊는다. 숙제 안 내줬다고 하고, 과제 적인 걸 보고도 엉뚱하게 해온다. 초등학교 저학년만 그러면 다행인데 고등학생도 마찬가지였다. 초등 1학년 때 모습이 고등학생이 되어도 그대로 이어진다. 세 살 버릇 여든까지 가는 게 맞다.

초등 1학년 재석이에게 알파벳을 가르쳤다. 공책에 알파벳을 점선으로 써주고, 따라 쓰게 했다. 교재에 점선 알파벳이 있었지만, 공책에 쓰는 걸 직접 보여줬다. 2주 지나서 적응되었을 즈음에 과제를 내줬다.

"점선 위에 다섯 번 따라 쓰자! 어떻게 하는지 알지?"

"왼쪽부터 1번, 2번 순서대로!"

다음 날 공책을 보고 한참 웃었다. 점선 따라 겹쳐서 써오라는 거였는데 재석이는 말 그대로 점선 '위에' 북쪽으로 다섯 개씩 그려 왔다. 더 쉽게 알려줘야 했다. 2주간 했던 거라, 당연히 아는 줄 알았다. 생각하는 것보다 훨씬 쉽게 자세하게 말해줘야 한다. 새롭고 조금 복잡한 과제는 동영상을 찍어 보내 준다.

### 3. 부모 과제가 되지 않도록

"내가 챙겨주지 못하니까 학원 보내는 거잖아."

"보내도 집에서 신경 써야 해. 헬스클럽에 왔다 갔다만 하면 살 빠져? 집에서 먹는 게 훨씬 중요해!"

지인이 아들 학원 과제를 봐주다가 카카오톡을 보냈다. 갑자기 성질이 난 모양이었다. 온종일 회사에서 일하다 왔는데, 아들 과제까지 챙기려니 힘에 부쳤던 거다. 답장은 이렇게 했지만, 학원 숙제가 부모 몫이 되어서는 곤란하다. 학부모의 짐을 덜어주는 게 학원역할이다. 돈 들여 학원 보냈는데, 숙제 때문에 자녀와 더 싸우고 신경써야 한다면 보낼 이유가 없다. 학생이 숙제를 어떻게 하는지 몰라 어머니가 같이 해줬다는 얘기를 들으면 마음이 불편했다. '너무 어려운 걸 내줬나?' '분량이 많았나?' '과제 설명을 못 해줬나?'

어려워서 혼자 할 수 없는 것과 학부모가 자녀 공부에 관심을 가지고 과제를 봐주는 건 다르다. 초등학교 저학년이 아니라면, 학원과제 부모 과제가 되지 않도록 해야 한다.

### 4. 피드백은 필수

피드백은 학습 동기 부여와 실력 향상을 위해 필요하다. 학생이 숙제했는데(그것도 성실하게) 선생님이 검사하는 둥 마는 둥 하면, 학습 의지가 꺾인다. 잘한 점은 칭찬해 주고, 과제를 꼼꼼히 보고 있다는 걸 알려줘야 긴장을 늦추지 않는다. 실력 향상은 배운 것을 얼마나 흡수하고 오류를 줄여나가느냐에 달려 있다. 피드백이 그 역할을 한다. 학생들, 눈치 상당히 빠르다. '선생님은 설렁설렁하게 채점하네? 검사 제대로 안 하네?' 대충한다. 선생님이 철저한 피드백으로 빈틈을 보이지 말아야 실력이 올라간다.

## 영어 과제 종류

학생은 과제 하는 게 어렵고, 선생님은 과제 내주는 게 어렵다. 매뉴얼이 필요한 이유다.

"원장님, 숙제 내주는 게 어려워요. 뭘, 얼마만큼 내줘야 할지 모르겠어요."

신입 교사 열이면 열, 같은 말을 했다. 돌이켜보니 나도 그랬다. 기분 따라, 교실 상황에 따라 주먹구구식으로 내줬다. 학부모의 불만을 듣고서야 과제를 일관성 있게 내줬다.

그날 수업 시간에 무엇을 배웠느냐에 따라 과제가 정해진다. 영역에 따라 여덟 가지로 세분화했다. 초등 고학년부터 고등부까지 문법 교재 한 권과 독해 교재 한 권을 기본으로 공부한다. 평일에는 각각의 교재에서 한 가지씩, 총 두 가지 과제를 내준다. 주말에는 각

두 가지씩, 총 네 가지를 내준다. 과제 소요 시간은 평일에 30분~1시간, 주말에는 1시간 30분~2시간 분량이다.

"어머니, 민지가 과제 할 시간이 없다고 해요. 평일이나 주말에 영어 과제 할 시간 어느 정도 되나요?"

"원장님, 거짓말이에요. 매일 놀아요. 숙제해 놓고 놀면 되는데 끝까지 놀다 하는 거예요."

"시간이 없거나 정말 힘들어서 못하면 말씀해 주세요."

분기마다 학생 스케줄을 조사한다. 평일·주말에 영어 과제를 할 수 있는 시간을 사전 조사한다. 학원이지만 과외 못지않게 꼼꼼하게 가르친다. 학생이 과제 많다고 투덜거린다고 줄여줘서는 안 된다. 막상 어머니와 상담해 보면 시간이 없어서 못하는 게 아니라 노느라 못하는 거였다. 과제를 줄여주면 더 잘해 와야 하는데 오히려 반대다. 서 있으면 앉고 싶고, 앉으면 눕고 싶고, 누우면 자고 싶다. 줄이면 줄일수록 더 하기 싫어했다. 과제 분량은 학부모와 상담 후, 부모가 느끼기에도 도저히 벅차서 못할 정도가 되면 줄인다.

과제는 수업만큼 중요하다. 배운 걸 자기 것으로 만드는 과정에서 실력이 는다. 수영 동영상만 보면 자유형이 저절로 되는가? 물에 들어가서 숱하게 발차기 연습을 해야 자유형도 평형도 한다. 수업 들을 때는 다 알 것 같다. 집중력이 좋은 몇몇 학생을 제외하면 학원

문을 나서는 순간 깨끗이 잊어버린다. 문 나설 때마다 잊어버리는데, 학원을 몇 년 다닌들 무슨 소용인가? 과제로 내면화하는 과정이 필요하다.

■ 신규 등록 이어지는 '과제 피드백'

회화 전문도 아니고 원어민 수업도 없지만, 우리 학생 스피킹 실력은 수준급이다. 초등부는 매일 녹음이 필수 과제다. 잘한 점과 보완할 점을 피드백한다. could를 /쿨드/, climbing을 /클라임빙/으로 발음하면, 체크해서 교정한다. 다음 과제 때 반영하는지 '계속 확인'한다.

대형 어학원에서 원어민 수업을 받은 학생이 초등부 전체 신입생의 50% 이상이다. 등록 계기를 보면 두 가지 공통점이 있다. 첫째, 우리 학생의 발음과 스피킹 실력이 더 좋더라. 초등 저학년 때부터 2년 이상 다닌 재학생 학부모가 입소문을 내줬다. 둘째, 40만 원하는 곳에서도 꼼꼼한 피드백을 받아본 적 없다. 금액은 두 배로 비싼데, 결과물이 없어 실망한 학부모의 등록이 이어진다. 학생 과제는 녹음 1분, 종이 한 장이라도 보물처럼 아낀다. 철두철미한 과제 피드백, 학원 성장의 비결이다.

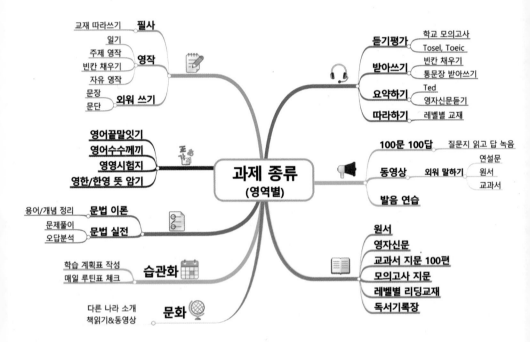

## 과제 종류 및 지도 방법

| | 8대 영역 | 과제 및 지도 방법 |
|---|---|---|
| 언어 영역 | 듣기 | 듣고 받아쓰기, 듣고 따라 읽기, 듣고 요약하기, 듣고 문제 풀기 등 대부분 영역에 듣기를 접목한다. |
| | 말하기 | Free talking 식 회화는 하지 않지만, 녹음 과제로 말하기 훈련을 충분히 한다. 녹음 듣고 발음 교정과 느낀 점 등을 피드백해 주는데, 학부모 만족도가 높다. |
| | 읽기 | 학기 중에는 레벨에 맞는 교재로 정독한다. 방학 때는 다양한 난이도로 다독한다. 인근 중고등학교 영어 교과서 지문을 시험과 상관없이 책처럼 읽힌다. |
| | 쓰기 | 책 보고 쓰기, 영작하기, 지문 암기해서 쓰기 등을 내준다. 글씨를 못 알아볼 정도로 써오면 다시 해오게 한다. |
| | 어휘 | 레벨별 단어(읽기 교재)와 학년별 단어(프린트)를 같이 내준다. 어떤 레벨에 있든 그 학년에서 알아야 할 단어는 완전 학습 시킨다. 레벨 높은 학생도 어려운 단어는 아는데, 쉬운 단어 뜻을 모르는 경우가 많다. |
| | 문법 | 문법은 수학처럼 연산 영역과 사고력 영역이 있다. 기본기가 약한 학생에게는 철자 연습과 기초 영작 위주로 내준다. 상위권에게는 서술형과 다양한 난이도 문제를 주고, 기본 실력이 잘 유지되고 있는지 정기적으로 확인한다. |
| 습관 | 습관 | 공부 습관이 안 잡혀 있으면, 뭘 배워도 밑 빠진 독에 물 붓기다. 매일 학습 루틴 표 체크는 기본 과제다. 한 달/분기/1년 계획표는 원데이 특강에서 함께 작성한다. |
| 문화 | 문화 | 한국과 외국 문화에 관한 책과 영상을 보고 감상문 쓰기/발표하기/질문 만들기/퀴즈 내기 등을 한다. |

# 줌 수업 이모저모

"운명이 당신에게 신 레몬을 준다면 그것을 달콤한 레모네이드로 만들어라." (데일 카네기)

줌 수업 시작한 지 2년이 넘었다. 처음에 줌(ZOOM)은 신 레몬이었다. 지금은 달콤한 레모네이드다. 줌이 없었다면, 학원은 더 큰 어려움에 빠졌을 것이다. 초창기엔 줌 수업에 대한 불만이 있었으나 지금은 학습 방법의 일부로 여긴다. 정규 수업에 활용했던 줌 시스템을 줌 자습실, 줌 독서모임, 줌 모의고사로 확장했다. 대면 수업의 대체 수단으로 마지못해서 줌을 사용했지만, 메인 수단으로써 장점이 많았다.

# 신 레몬이었던 2020년도 줌 수업

'안 들려요. 자꾸 끊겨요.'

줌 수업 첫 시간을 잊을 수 없다. 과장을 보태서 말하자면, 아비규환(阿鼻叫喚) 현장이었다. 온종일 줌과 씨름하다 보니 '안 들려요' 환청이 들렸다. 선생님과 학생 모두 사용법 미숙으로 수업 시간 절반 가까이 장비와 씨름했다. 수업 시간을 다른 업무로 쓰는 건 있을 수 없었다. 수업 외에 시간에 1대 1 또는 그룹으로 실전 연습을 수차례 했다. 줌에 접속하고, 음소거 하고, 화면 켜는 법을 아무리 설명해도 모르는 친구들은…, 방문해서 해결해줬다. 지금은 웃으며 말하는데, 그때는 아휴….

사용법은 일단 익숙해졌다. 다른 문제가 있었다. 집에 학생만 있어도 주변 소음이 있었다. 집합 금지로 온 가족이 집에 있자, 생활 소음이 심해졌다. 자녀 셋인 집은 같은 시간대에 모두 줌에 접속했다. 말소리가 뒤섞였다. 내가 누구랑 수업하는지 헷갈렸다. 화면에 온 가족이 한 번씩 등장했다. 누군가 휙휙 지나갔다. 손자가 수업하고 있는데, 할머니는 자꾸 밥 먹으라고 소리쳤다. 화면 뒤에서 지켜보는 분도 있었다. 공개 수업하는 기분이었다. 수업 준비 시간이 두 배 이상 들었던 건 말할 것도 없다.

## 달콤한 레모네이드가 된 2021~22년 줌 수업

코로나 확진으로 출석을 못 하거나 온라인을 선호하는 학생을 위해 비대면 수업을 병행하고 있다. 어떻게 관리하느냐의 문제겠지만, 줌+전화+카카오톡을 활용한 수업은 교실과 비교해서 학습 효과가 거의 다르지 않다. 각각의 장단점이 있을 뿐이지, 절대적으로 한쪽이 낫다고 말하기는 어렵다. 상황에 맞게 활용하기 나름이다.

2020년부터 줌 수업에 관한 설문 조사를 하고 있다. 차분한 상위권 여학생들의 만족도는 코로나 3년 차가 되었지만 여전히 높다. 대면보다 진도와 실력 향상 속도가 6개월 이상 빠르다.

"다른 학생에게 방해받지 않아서 좋아요."

"2시간을 온전히 제 공부에만 신경쓸 수 있어요."

"왔다 갔다 하는 시간이 절약돼요."

상위권다운 대답이다. 의외의 대답도 있었다. 같은 시간대에 오는 학생 중에 향기롭지 못한 냄새를 풍기는 아이가 있었다. 담당 교사도 고민스러워했다. 냄새 때문에 두통이 심했는데, 신경쓰지 않아서 좋다고 한다. 6학년인데 3학년 수준인 학생도 2년째 온라인 수업에 참여하고 있다. 혼자만 쉬운 책을 해서 부끄러워했다. 줌에서는 활짝 펼 수 있다. 친구가 놀리지도 않는다. 입 모양을 보며 발음을 정확히 들을 수 있는 것 또한 큰 장점이다. 줌은 코로나와 상관없이 계속 유지할 계획이다. 어울려 공부하기 어려운 학생에게도 좋은 대안이다.

## 줌 수업 속으로

우리는 개별 진도, 무학년제 시스템이다. 한 클래스 당, 전임 강사와 보조 강사가 한 조가 되어 수업에 참여한다. 줌으로 학생 태도를 관찰하고 개인별 진도는 줌 소그룹, 카카오톡, 전화를 활용한다. 공통 필수 단어와 문법은 전체 그룹으로 진행한다. 학생들 모두 교실 수업과 다르지 않다고 이구동성 말한다.

수업 30분 전에 카카오톡으로 그날 수업 진행 순서를 올려준다. 접속하면 출석을 체크한다. 화면 켜는 건 기본이다. 끄는 학생, 한 명도 없다. 각자 돌아가면서 오늘 학습 순서를 말한다. 무음으로 전환 후, 복습 테스트를 하고 본격적으로 진도 수업을 시작한다. 설명이 필요한 학생은 소그룹실로 불러서 지도한다. 암기 확인 등 간단한 것은 전화로 확인한다. 개념 설명, 진도 결정 등 굵직한 과정은 전임 강사가 맡는다. 보조 강사는 접속하지 않은 학생에게 연락, 암기와 테스트 확인, 태도 모니터링 등의 업무를 한다. 교실 수업에서는 학원 오는 날 과제 검사를 한다. 줌에서는 하루 전날 제출하게 한다. 비대면 수업을 불안해했던 학부모도 과제 미리 하는 모습을 보고 거부감을 거두었다.

# 초등 영어 핵심 키워드 : 균형

내 뇌의 90%는 학원과 영어가 차지한다. 어딜 가나, 무엇을 보나 두 단어를 떠올린다. 영화와 드라마를 보면 줄거리에 집중해야 하는데, 일과 연결한다. 학원 파티에서 볼 영화를 검색하다 〈아바타〉를 보았고 마음에 드는 대사를 만났다.

"오로지 균형만 유지하실 뿐이야."

두 시간 넘게 화려한 영상미를 뽐냈지만, 소박한 이 말이 가장 기억에 남았다. 내 머리에 떠오른 건 어이없게도 영어 학습의 불균형 문제였다. 초등학교부터 편식 영어를 했을 가능성이 크다. 초등 영어 학습의 키워드를 하나만 꼽으라면 '균형'이다.

## understand의 또 다른 뜻

6학년 대훈이는 영어 유치원과 그룹 수업 형태의 어학원에 다녔다. 중학 내신을 준비하려고 우리 학원에 왔다. 테스트할 때, 전 학원 독해 책을 가져왔다. 중3 수준의 미국 교과서였다. 발음은 괜찮았다. 듣기는 중1, 읽기는 6학년, 단어와 쓰기는 초등 4학년, 문법은 기본 개념조차 없었다. 가장 큰 문제는 단어였다. 뜻을 정확히 아는 단어가 드물었다. understand를 '일어서다'로 썼다. stand랑 헷갈렸나 보다 했다. 수업 시간에 understand가 반복해서 나왔다. 그때마다 '일어서다'라고 말했다. 4학년 때부터 그렇게 알고 있었다고 한다. 대훈이 성격과 수년간의 학습 이력을 보면, 충분히 그랬겠다 싶었다.

대훈이는 얼렁뚱땅 넘어가기 선수였다. 첫 글자만 보고 대충 읽었다. 듣기와 읽기처럼 전체 흐름을 파악하는 영역은 그럭저럭 학년에 맞게 했다. 단어, 쓰기, 문법처럼 정확성을 요구하는 영역은 대훈이와 상극이었다. 일대일로 하나하나 짚어 주며 수없이 반복해야 했는데, 앞 학원에서도 얼렁뚱땅 넘어갔다. 세월 진도로 중3 책은 나갔고, 자기 실력이라고 착각하고 있었다. 한 번 어긋난 불균형은 바로 잡기 어렵다. 진도에 집착하지 말고 쉬운 단계부터 균형 학습과 완전 학습을 해야 한다.

## 균형 잡힌 '영어 8대 영양소'

"우리 애는 쓰는 거 싫어해요."

"단어 암기하는 거 싫어해요."

상담할 때 자주 듣는다. 사실대로 말한다.

"단어 외우지 않고, 쓰기 연습하지 않고 영어 잘하는 방법은 없습니다. 싫어도 꾹 참고 해야죠."

공부는 재밌게만 해서 되는 게 아니다. 하기 싫어도 해야 한다는 걸 초등학교 때부터 알려줬으면 좋겠다. 인내해서 얻은 것만이 나와 오래도록 함께한다. 아이가 쓰기 싫어한다고 고학년 가서 시키려는 학부모도 있다. 크면 더 하지 않는다. 초등학교 때 쓰기 싫어하는 아이, 중학교 가면 더 싫어한다.

영어를 8대 영역으로 나누고 통합해서 지도한다. 신체 기관은 각각의 이름과 기능이 있지만, 연결되어 있다. 영어도 그렇다. 유아기에는 이유식을 먹고, 커가면서 골고루 먹는다. 영어 유아기에는 듣기 중심이지만, 차츰 소화할 수 있는 영역을 늘려 균형 있게 학습한다. 균형이 듣기, 말하기, 읽기, 쓰기 모두 10, 10, 10, 10 같은 비율을 뜻하지는 않는다. 탄수화물, 단백질, 지방 비율이 똑같은 걸 균형 잡힌 식단이라고 하지 않듯이. 듣기와 원서 읽기 등 특정 영역에만 오랜 기간 집중하는 것은 지양한다. 초등 고학년에게 이유식만 주면 영양 불균형이 온다. 중·고등학교 때 영어 면역력이 무너지지 않으려면, 초등 저학년부터 균형 잡힌 영어 학습이 필요하다.

아래 표는 영역별 학습 비율이다. 절대 기준은 아니며, 수준과 목표에 따라 조금씩 다르다. 영역을 구분했지만, 두 가지를 동시에 하는 경우가 많다. 3~6학년 읽기를 2로 뒀지만, 듣기와 말하기와 연결되어 실제 학습량은 더 많다. 문법은 빠르면 5학년, 대체로 6학년 2학기부터 체계적으로 시작한다. 문화와 습관도 언어 습득에 필요하다. 특강으로 루틴표 작성법, 발음기호 읽는 법, 영영 사전 활용법을 알려주고 습관화하도록 한다. 학부모가 만족해하는 콘텐츠다.

### 학년별/영역별 학습 비율

| 학년 \ 영역 | 듣기 | 말하기 | 읽기 | 쓰기 | 단어 | 문법 | 문화 | 습관 |
|---|---|---|---|---|---|---|---|---|
| 1학년 | 6 | 2 | 1 | 1 | 알파벳 | * |  | * |
| 2학년 | 6 | 2 | 1 | 1 | 파닉스 | * | 시청각 자료로 간접 체험 또는 학원 파티 직접 체험 | * |
| 3학년 | 5 | 2 | 2 | 1 |  | * |  |  |
| 4학년 | 4 | 2 | 2 | 2 | 학년별 교과서 목표단어 | * |  | 계획표 |
| 5학년 | 3 | 2 | 2 | 3 |  | 문법 용어 |  |  |
| 6학년 | 3 | 2 | 2 | 3 |  | 용어 복습 |  |  |

제6장

# 영어학원 시험 대비 매뉴얼

# 들어가며 : 코로나표 '돌섬돌섬'

"어휴… 오늘도 '돌밥돌밥'이예요. 개학 빨리했으면 좋겠어요."

'돌밥돌밥'이란 단어를 단톡방에서 처음 봤다. '돌아서면 밥, 돌아서면 밥'이라는 뜻이라고 짐작했다. 원고 쓰면서, 사전에도 있는지 찾아봤다. 시사상식사전에도 나와 있었다.

돌밥돌밥 : 2020년 코로나19가 퍼지는 상황에서 생겨난 신조어로, 초중고교의 잇따른 개학 연기와 온라인 개학 시행으로 자녀들이 집에 머무르는 시간이 길어지면서 아이들의 식사를 챙겨주기 위해 많은 시간을 보내는 주부들의 상황을 반영한 말이다.

초·중·고를 모두 운영하는 우리 학원은 코로나 전에도 '돌섬돌섬'이었다.

돌아서면 중간고사, 돌아서면 기말고사, 돌아서면 수행평가와 고등부 모의고사였다. 20대부터 40대인 지금까지 사계절을 그렇게 맞이했고 그렇게 떠나보냈다. 벚꽃의 꽃말은 중간고사라는 말이 있다. 온갖 꽃이 만개하는 4월. 학원인에겐 오로지 중간고사를 위한 달이다. 봄꽃을 제대로 즐긴 적이 몇 번이나 될까. 주말에도 오전 9시에 출근해서 자정에 퇴근했다. 한바탕 전쟁을 치르고 거리를 둘러보면, 벚꽃은 지고 없었다.

코로나19는 '돌섬돌섬'을 재촉했다. 학교에 확진자가 생기면 시험이 연기되었다. 하루 전에 날짜가 바뀌었다. 하루 이틀만 더 고생하면 푹 잘 수 있는데, 그런 기대마저 없어졌다. 빨리 시험 끝내고 친구와 놀러 가려던 작은 행복이 사라졌다. 선생님과 학생의 휴식을 도둑맞았다. 평균 한 달이던 시험 대비를 두 달에 걸쳐서 했다. 방학이어야 할 시기에 기출문제와 예상 문제를 복사했다. 중간 고사와 기말 고사의 간격이 사라졌다. 안 그래도 스릴 넘치는 학원은, 최소 다섯 배 이상 긴장감 넘치는 곳이 되었다. 오늘도 코로나19라는 높은 파도에 적응하고 극복해 나간다.

# 본문 암기 매뉴얼

학부모 A : "본문 암기 기본이잖아. 우리 애 영어학원에선 외우기 안 시켜. 안 그래도 공부 안 하는데, 불안해 죽겠어. 그거라도 해야지."

학부모 B : "왜 외우라고 하는 거야. 본문이랑 똑같이 나오지도 않잖아. 시간 낭비 아냐? 애 스트레스만 받고."

외우라고 해도 탈, 외우지 말라고 해도 탈이다. 본문 암기는 '좋다 나쁘다'의 문제가 아니다. '어떻게' 접근하느냐가 중요하다. 학생의 수준과 선생님의 지도 방법에 따라 약도, 병도 된다. 우리 학원은 중학교 교과서까지는 외우게 한다. 고등부는 역량이 되는 학생에게

만 시킨다. 본문을 달달 암기하면 80점 이상이 보장되던 시절도 있었다. 지문에 빈칸 뚫어놓고 들어가는 말을 적으라는 유형이 다수였다. 변형이 없었으니 외우기만 하면 식은 죽 먹기였다. 지금은 본문 암기만으로 맞출 수 있는 문제는 1~2개 정도다. 들어가는 단어를 알고 있다는 전제하에, 그 단어의 영영 풀이나 같은 뜻의 다른 단어가 나온다.

이런 변화로 본문 통암기는 하지 않아도 된다는 주장도 있다. 나는 이런 훈련 또한 필요하다는 견해다. 암기는 공부의 기본이다. 시험이라는 분명한 목표를 활용해서 공부 방법을 훈련해야 한다. 단, 맹목적으로 외우게 하지는 않는다.

암기 정확도는 성적과 정비례한다. 80% 암기한 학생은 80점대, 90% 이상 암기한 학생은 90점대가 나왔다. 영어 1등급 학생들은 외울 때와 외우지 않을 때 문제 푸는 속도 차이가 다르다며 오히려 외운다. 세세한 내용까지 암기했는지 안 했는지가 1등급과 2등급을 갈라놓았다. 사소한 것까지 암기할 역량이 되니 1등급을 받는 것인지, 남보다 끈질긴 노력으로 해내고야 말기 때문에 1등급을 받는 것인지 알 수 없으나, 암기 역량과 영어 실력은 정비례했다.

"저는 외우는 거 싫어요."

"우리 애는 외우는 거 싫어해요."

노력은 싫고, 성적은 잘 받고 싶고. 이런 말을 들으면 되묻고 싶다.

중학교 교과서도 외울 의지가 없는데 고등학교 공부는 어떻게 해낼 것인가?

암기를 안 해도 만족할 만한 성적을 얻었는가?

암기는 못해도 다른 건 잘하는가?

상위권 학생은 싫은 것도 참고 했다. 하위권 학생들은 온갖 핑계를 대며 하지 않았다. 암기만 싫어하는 게 아니다.

"암기 대신 다른 방법으로 해서 실력이 올랐어요."

이런 학생, 나는 거의 보질 못했다. 본문 암기는 학생의 태도 문제다. 얼마나 잘 외웠는지만을 평가하지 않는다.


이런 정도의 실력을 갖춘 학생은 굳이 외우지 않아도 된다.

● 한글 문장을 보고 영어로 자유자재로 바꿀 수 있다.

● 어순 감각이 좋아서 주어, 동사, 목적어, 보어 자리 정도는 적재적소에 넣을 수 있다.

● 학년에 맞는 단어와 숙어는 충분히 숙지하고 있다.

● 문법적으로 왜 틀렸는지 설명할 수 있다.

모두 해당하지 않는다면, 암기가 답이다. 외워서 영어의 뼈대를 하나씩 세우는 훈련이 필요하다. 이걸 집중해서 할 수 있는 시기… 하기 싫어하던 아이도 '해야 한다'를 느끼는 시기가 내신 대비 기간이다. 동기가 있을 때, 영어의 기본기를 세워주는 게 또 하나의 목표다. 점수 높이려는 목적 하나만을 위해 내신 기간을 허비하지 않는다.

■ 교과서 본문 암기 지도 매뉴얼

1. 기계적으로 암기시키지 않는다.
2. 앞뒤 맥락을 파악하면서 암기하도록 한다.
3. 그 과의 주요 단어와 문법이 본문 속에서 어떻게 활용되었는지 강조한다.
4. 한글을 보고 영작할 수 있도록 한다.
5. 암기가 막혔을 때, 한글로 힌트를 준다.

"그냥 처음부터 줄줄 외울게요."

기계적으로 통암기한 학생은 한 문장씩 떼어 질문하면 답하지 못한다. 변형과 응용을 두려워해서 처음부터 끝까지 그대로 암기해야 안심한다. 이 상황에서 왜 이 표현을 써야 하는지, 맥락은 어떻게 이어지는지 훈련한다. 맹목적 통암기보다 영작에 가깝다. 본문과 똑같이 나오지 않더라도 응용하도록 지도한다.

■ 하루 다섯 문장, 본문 암송 대회

중하위권 학생에게 동기 부여해 주려고 시작했다. 시험 범위 본문을 하루에 다섯 문장씩 외워서 말하고, 쓴다. 목표한 만큼 해내면 장학금을 지급한다. 하위권은 응용력이 특히 약하다. 문제집과 똑같이 나오지 않으면 전혀 다른 문제로 받아들인다.

"문제 유형은 같아도 단어는 달라."

아무리 말해도 소용없다. 시험 끝나고 오면 어김없이 말한다.

"문제집이랑 다르던데요. 학원에서 배운 거 하나도 안 나왔어요."

같은 단어인데 다른 책에 나오면 모른다고 한다. 문제를 조금만 바꿔놔도 당황한다.

실전에 약해서 성적이 낮은 학생에게 자신감을 길러주고 칭찬받는 기회를 주고 싶었다. 우리 학생들은 암송 대회를 통해, 세 가지를 얻는다. 첫째, 암기에 대한 거부감을 줄인다. 둘째, 작은 성공의 기쁨을 맛본다. 셋째, 영어 공부의 재미를 느낀다.

다음 페이지에 영역별 내신 유형과 많이 사용했던 초·중·고 전 영역 교재 63권을 영역별로 정리했다.

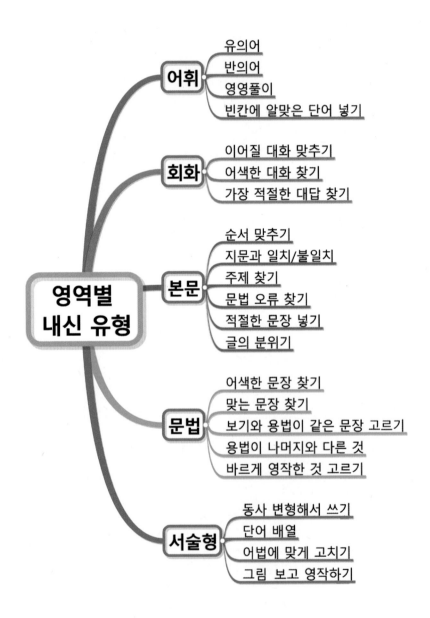

## 영역별 교재 목록

| 원서 | 읽기/독해 | 문법 |
|---|---|---|
| An I Can Read Book | Reading Start | My First Grammar |
| Step Into Reading | Very Easy Reading | 문법이 쓰기다 |
| Danny and the Dinosaur | Super Easy Reading | 중학영문법 3800제 starter |
| Usborne First Reading | Easy Link | This is grammar Basic |
| Scholastic Hello Reader | Subject Link | Grammar Mentor Joy |
| Arthur's Adventures | Multiple Reading Skills | Grammar Zone |
| Magic reader | Bricks Reading | Grammar Inside |
| Nate the Great | 미국 교과서 읽는 리딩 | 초등필수영문법 무작정 따라하기 |
| Junie B. Jones | 쭉쭉 읽어라 | 서술형되는 중학 영문법 |
| Magic Tree House | Junior Reading Tutor | This is grammar 초급, 중급 |
| Franny K. Stein | Reading Explorer | 천일문 |
| Usborne Young Reading | 자이스토리 | 중학영문법 3800제 |
| Holes | 바른 독해 빠른 독해 | 자이스토리 |
| The Giver | Reading Tutor | 고교 영문법 3300제 |
| Harry Potter | Reader's Bank | 어법끝 |
| 파닉스 | 시험 대비 교재 | 기타 |
| Phonics Show | Tosel Basic/Junior/Intermediate | 영화로 읽는 영어 원서 시리즈 |
| 기적의 파닉스 | 교과서 평가 문제집 | 초등필수영단어 무작정 따라하기 |
| School Phonics | 100발 100중 | 우선순위(기초)영단어 |
| Sounds Fun | 내신 콘서트 | EBS 중학 영어 |
| Smart Phonics | 마더텅 듣기 (모의고사 대비용) | 능률보카 어원편 |
| 한 권으로 끝내는 파닉스 | 수능 특강/ 수능 완성 | EBS 라디오 영어 교재 |

※ 교재 사진과 출판사 정보는 블로그 참조. https://blog.naver.com/wiabiz1

# 중등부 내신 대비

　중학교 내신은 절대평가다. 친구와 경쟁하지 않고, 내가 공부한 만큼 평가받는다. 한 학기에 지필과 수행 평가를 각각 2회 실시한다. 학교에 따라 지필을 1회, 수행을 3~4회 실시하기도 한다. 중간고사와 기말고사 점수를 합산해서 학기 말에 성적이 나온다. 90점 이상이면 인원수 상관없이 A를 받는다. 89점과 90점은 1점 차이지만, A냐 B냐 등급이 달라진다. 1점의 소중함을 강조하고 또 강조한다.

| 등급 | A | B | C | D | E |
|---|---|---|---|---|---|
| 학기말 성적 (원점수) | 90점 이상 | 80점 이상 | 70점 이상 | 60점 이상 | 60점 미만 |

■ 상위권 : 돌다리도 두들겨 보고 건너자

상위권은 이해력·정확성·응용력·실전 능력을 고루 갖추고 있다. 1~2주 집중하면 90~95점 이상 가능하지만, 3주 전부터 시작한다. 1주면 시험범위 진도를 소화하기 때문에, 기본기를 재점검하고 심화 문제까지 다룬다. 대비를 전혀 하지 않아도 90점 이상이 확실한 학생은 2주 할애한다. 최상위권은 내신 기간이 길어지면, 역효과가 생긴다. 고2 수준인 중2 학생이 한 달간 내신에 집중하다, 자기 레벨로 돌아가면 공부 흐름을 놓쳐서 버거워 한다. 상위권은 3주 전, 최상위권은 2주 전에 시작한다.

눈 감고도 알만한 내용이라도 꼼꼼하게 확인해야 한다. 특히 쉬운 철자 쓰기에서 실수하지 않도록 주의를 기울인다. 늘 100점 받던 중학생들이 주관식에서 어이없는 실수를 했다. egg를 eeg, star를 ster, pencil을 pensil로 썼다. 1년에 한 번 '단어의 제왕'을 실시하는 이유 중의 하나가 1,000자 철자 쓰기를 통해 기초를 점검하기 위해서다. 실력이 뛰어난 학생도 영작에서 3인칭 단수 동사, 시제 일치, 명사의 단수와 복수를 정확히 쓰지 못하는 경우가 종종 있다. 기본기 점검, 아무리 강조해도 지나치지 않다.

상위권에게 늘 강조한다.

"쉬운 거 안 틀리는 게 진짜 잘하는 거야!"

■ 중위권 : 수박 겉핥기는 안 돼

"그냥 그런 거 같아서요."

"알긴 알아요. 정확히 설명을 못 하겠어요."

'어설프게 안다.' 70% 알고, 30% 모른다. 중위권 학생의 특징이다. 문법 오답을 설명해보라고 하면, 핵심을 말하지 못하고 빙빙 둘러 말한다. 문법은 수학처럼 명확하다. 듣기와 독해는 감으로 풀어도, 문법은 규칙을 설명할 수 있어야 진짜 아는 것이다.

문제풀이 할 때 답만 맞추지 않고, 문법 용어와 개념까지 확실히 재정리한다. 부족한 30%를 이 과정에서 채워준다. 그리고 응용문제에 다시 도전하게 한다. 다 아는 것 같지만 문제를 풀어보라면 연결하지 못한다. 안 배운 거라고 잡아떼면 평가 문제집 몇 쪽에 나와 있는 거라고 확인시켜 준다. 복습할 때 찾아볼 수 있게 오답 옆에 '10쪽 참고'라고 적게 한다. 모르는데 안다고 착각하지 못하도록 깨우쳐 주는 것도 선생님 역할이다.

1~2주 차는 교과서 학습과 기본 문제에 집중한다. 3~4주 차에는 복습, 기출, 오답 정리에 몰입한다. 심화 문제는 다루지 않는다. 시험을 일주일 앞두고는 새로운 유형의 문제를 풀게 하지 않는다. 잘 준비했다고 생각했는데, 오답이 많아지면 심리적으로 크게 위축된다. 중위권 학생은 교과서+평가문제집+기출 문제까지만 다룬다.

## ■ 하위권 : 천 리 길도 한 걸음부터

담당 교사가 시험 날짜, 범위, 자료를 수시로 챙겨야 한다. 같은 학교 학생이 있으면 다행인데, 혼자라면 학생 말만 믿으면 안 된다. 내 뒷목 잡게 했던 학생의 말, 말, 말이다.

| | |
|---|---|
| 사례 1 | "내일 영어 시험 봐요."<br>"뭐? 일주일 남았잖아?"<br>"잘못 알았어요. 내일 이래요." |
| 사례 2 | "시험 범위 이거 아니에요."<br>"뭐? 그럼 어디야?"<br>"1, 2, 3과 아니고요. 1, 2, 4과래요." |
| 사례 3 | "선생님, 이거요."<br>"뭔데?"<br>"여기서 시험 나온대요."<br>"내일 시험인데, 왜 지금 내밀어?"<br>"깜빡했어요." |

학생은 남의 일처럼 말하고! 내 속은 새까맣게 타고! 참다 참다 못해 소리를 꽥 질렀다. "네 시험이지! 내 시험이냐?" 어떻게 날짜와 범위를 잘못 알고, 자료를 못 챙기는지 이해불가였다. 이런 학생이 생각보다 많았다. 내가 적응하는 게 빨랐다. 학생, 안 바뀌더라.

각 영역별 기본 유형 문제와 학교 프린트물에 집중한다. 수준이 낮아도 자기 학년 공부는 병행한다. 5학년 수준의 중2라면, 중2 교과서를 나가면서 초등 5학년~중1 과정을 복습한다. 마음은 급하지만, 기초부터, 개념부터 수없이 반복하고 넘어간다.

　내신대비 기간이 오로지 점수 따기를 위한 시간이 되어서는 안 된다. 1년의 절반을 학교 시험 목표에만 맞추어 공부하면, 정작 자기 진짜 실력을 모른 채 지나간다. 중학교는 시험 범위가 교과서 2~3과 정도이고, 난도 또한 높지 않다. A 등급을 받아도 실력이 뛰어나다고 할 수 없다. 같은 A라도 수준이 제각각이다. 내신 대비를 할 때, 학생이 무엇을 알고, 모르는지에 관심을 가지고 질문을 계속 던진다. 정답이라도 알고 맞췄는지 개념부터 확인한다. 단어 문제는 비슷한 말, 반대말, 영영 풀이까지 연관지어 보게 한다. 눈앞에 놓인 목표를 이루도록 도와주는 것은 선생님의 당연한 역할이다. 학생의 미래까지도 생각해야 하는 건 선생님의 사명이다.

| 레벨별 내신 대비 요령 | | | | |
|---|---|---|---|---|
| 학 년 | | 중등부 2~3학년 | | |
| 레 벨 | | 상 | 중 | 하 |
| 시험 대비 기간 | | 3주 | 4주 | 6주 |
| 주 교 재 | | 평가문제집<br>기출문제집 | 평가문제집 | 평가문제집<br>(2주 먼저 시작) |
| 주차별<br>학습계획 | 1주 차 | * | 교과서 개념 정리 | 교과서 개념 정리 |
| | 2주 차 | 교과서+평가문제집 | 평가문제집 | 평가문제집 |
| | 3주 차 | 기출문제집 | 기출문제집(문법+영작) | 기출문제(기본) |
| | 4주 차 | 심화+기출+오답 | 기출+오답 복습 | 기출+오답 복습 |

# 고등부 내신 대비

안쓰럽다. 대견하다. 안타깝다.

고등부 학생을 볼 때마다 오만가지 생각이 든다. 중학교 때 사춘기를 겪느라 기초를 놓친 학생이 많다. 뒤늦게 철들어서 이제 좀 해 보려는데, 움직이지 않는 성적에 눈물 글썽이는 아이들이 가엽다. 고1 때는 적응하느라 바쁘고, 고2 돼서 적응할 만하면 대입이라는 현실이 보인다. 공부니, 대학이니 관심 없던 아이들도 고2 2학기가 되면 초조해한다. 중학교 공부가 주먹만 한 돌멩이를 굴리는 거라면 고등학교는 집채만 한 바위를 움직여야 한다. 끊임없이 배우는 이유 중 하나가 고등부 학생을 위해서다. 쉽고 기억에 오래 남는 수업과 콘텐츠로 짐을 덜어 주고 싶다.

■ 내신 범위와 등급 비율

고등부 지필 평가 범위는 교과서 두 과, 부교재, 모의고사 2~3 회 분량(지문 30개 정도)이다. 학교에 따라 더 많을 수도 적을 수도 있다. 인근 학교 공통 부교재는 단어집과 외부 지문이다. 모의고사는 올해와 전년도에서 주로 출제된다. 본문 2~3과가 거의 전부였던 중학교와 분량 자체가 비교 불가다.

학부모와 교사는 중학교와 고등학교의 분량과 난이도 차이를 이해한 후 지도해야 한다. 못한다고 답답해하지 말고, 이해해줄 건 해주고 도와줄 건 도와줘야 한다. 지필평가, 수행평가, 모의고사, 봉사활동까지 챙겨야 하는 고등학생을 보면, 중3 겨울 방학까지 고등학교 영어를 어느 정도 끝냈으면 하는 바람이 있다. 선행 학습을 좋아하진 않지만, 고등학교 진학 이후 단어 암기에 투자할 만한 시간이 없는 게 현실이다.

고등부는 상대평가이며 등급비율은 다음과 같다.

| 등급 | 1 | 2 | 3 | 4 | 5 | 6 | 7 | 8 | 9 |
|---|---|---|---|---|---|---|---|---|---|
| 등급비율 | 4% | 7% | 12% | 17% | 20% | 17% | 12% | 7% | 4% |
| 누적비율 | 0~4% | ~11% | ~23% | ~40% | ~60% | ~77% | ~89% | ~96% | ~100% |

■ 상위권 : Rome wasn't built in a day.

1등급 학생은 빠르고 정확하다. 많은 분량을 암기해낸다. 문제 푸는 속도가 LTE 급이다. 교과서, 부교재, 모의고사 지문이 모두 합쳐서 35개 전후인데, 한글 해석지를 보면 문맥에 맞춰 영작한다. 어떻게 이 많은 공부를 해내나 싶어 대견하다. 하루 이틀 걸려서 쌓은 실력이 아니다.

상위권은 객관식 논리 추론과 어법, 5점 이상 서술형을 집중해서 대비한다. 지문 분석할 때 해석만 하지 않고, 주장에 대한 근거와 이유는 무엇인지, 논리적으로도 접근한다. 내신은 각 학교의 출제 경향 분석이 중요하다.

인근 학교에서 매번 출제하는 서술형 문장 유형은 이렇다. 첫째, 가정법, 분사구문, 관계대명사. 둘째, 주요 구문이 3~5개 포함된 것. 여기에서 크게 벗어나지 않았다. 조건에 맞는 문장을 뽑아서 틀린 부분 찾기, 단어 변형, 단어 순서 배열 등의 연습을 한다. 전체 맥락과 세부 요소를 모두 잘 파악하고 문법과 영작 실력이 좋지만, 한글말로 정확히 해석하지 않는 관사, 전치사의 단어 배열은 실수한다.

평소에도 인쇄소 같은 우리 학원은, 상위권에게 다양한 문제 유형을 풀게 하려고 시험기간엔 복사와 출력하는 소리가 끊이질 않는다. 안 들리면 허전하다.

■ 중위권 : Practice makes perfect.

객관식 고난도와 서술형에 약하다. 문법과 구문 독해 훈련에 집중해야 한다. 추론 외에 주제와 제목 고르기, 가리키는 대상 일치와 불일치, 글의 순서를 묻는 문제에 약하다. 항상 연습하는 유형이라서 유형 자체는 익숙한데, 어휘, 문법, 구문독해가 탄탄하지 못해서 점수가 들쑥날쑥하다.

'어법상 틀린 문장 하나를 고르시오.' 이 정도는 푼다. '밑줄 친 A~F에서 어법상 어색한 것을 모두 고르시오.' 당황한다. 틀린 것을 찾아, 바르게 고쳐야 하는 서술형은 세 문제 중에 하나 맞춘다. 문법과 서술형에서, 어설프게 아는 건 모르는 것과 똑같다. 반복 연습해서 하나라도 완벽히 아는 게 중요하다.

4등급 학생이 푸념을 늘어놓았다. 고1 겨울방학 때, 평소보다 두세배 열심히 했다. 고2 1학기 모의고사에서 등급에 변화가 없었다.

"겨울방학 때 열심히 했다고 생각했는데, 성적이 똑같아요."

냉정하게 말해줘야 할지, 위로해야 할지 잠시 망설였다.

"지석아... 한 달 노력했던 거 있잖아... 1등급 학생은 수년간 해왔던 거야. 초등학교 저학년 때부터 쭈욱 성실했을걸. 잠 더 자고 싶은 거, 피시방 가고 싶은 거 참아가며 한 거야."

현실을 깨우쳐 주고, 성적을 잘 받으려면 몇 시간을 더 투자해야 하는지 알려주고, 짧게나마 노력했던 건 아낌없이 칭찬해 준다.

■ 하위권 : Better late than never.

배경지식과 기초가 부족한 하위권은 세 가지에 집중한다.

첫째, 수행 평가는 만점을 목표로 한다. 수행 영역은 과정을 평가한다. 1등급이라도 꼼꼼히 챙기지 않으면 감정 당한다. 7등급이라도 조건에 맞게 성실히 했다면 만점 가까이 받는다. 지문 외워서 말하기와 조건에 맞게 영작하기. 크게 두 가지 형태다. 숙제를 선생님이 대신 해주는 일은 없다. 과정과 결과를 자주 확인하고 방향이 틀어지지 않도록 잡아준다. 지필 고사는 기본기 약하고, 응용력과 배경지식이 없는 학생에겐 넘기 힘든 허들이다. 지필보다 점수 얻기 쉬운 수행평가에 더 신경 쓴다.

둘째, 매년 반드시 나오는 객관식 기본 유형과 단어에 집중한다. 역사나 위인의 전기에서는 두 가지 형태로만 출제되었다. 내용 일치 불일치, 글의 순서 맞추기. 여기에서 벗어난 적이 없었다. 인근 학교들 공통 부교재는 학교에서 만든 단어 프린트다. 10문항이 출제된다. 비교적 응용 없이 뜻과 철자만 외우면 8문항은 맞출 수 있다. 각 문항 1점씩이지만, 1점으로 등급이 바뀌는 경우가 종종 있으니 이건 꼭 챙긴다.

셋째, 서답형은 풀 수 있는 유형 한 가지만 공략한다. 한 지문에 빈칸 세 개 뚫어놓고 알맞은 단어 넣는 문제가 있다. 여기까지만 준비하거나, 아예 생략하기도 한다.

시험이 끝나면 개별 상담과 시험지를 분석한다. 올해는 같은 유형이 안 나오겠지 싶은데, 또 나온다. 출제자가 달라도 학교마다 선호하는 문제가 있다. 레벨마다 내신대비 포인트가 다르다. 상위권은 서술형이다. 고득점을 받아야 1등급을 지킨다. 중위권은 객관식이다. 서술형 비중은 높아지는데, 영작이 탄탄하지 못하다. 서술형에 시간 들이는 것보다 객관식을 공략하는 쪽이 등급이 더 잘 나왔다. 하위권은 단어다. 우리 지역 고등학교는 단어장을 학기 시작할 때 내준다. 뜻과 철자만 외우면 비교적 변형 없이 나와서 대부분 맞출 수 있다.

## 레벨별 내신 대비 요령

| 학년 | | 고등부 | | |
|---|---|---|---|---|
| 레벨 | | 상 | 중 | 하 |
| 시작 시기 | | 4주 전 | 6주 전 | 8주 전 |
| 학습 포인트 | | 객관식 추론, 어법<br>서술형 전체 | 객관식<br>난이도(중/하) 서술형 | 교과서, 단어집<br>기본 유형 |
| 주차별<br>계획 | 1주 차 | * | 교과서+부교재 | 교과서+단어집<br>(2주 먼저 시작) |
| | 2주 차 | * | 부교재+모의고사 | 부교재+모의고사 |
| | 3~4주 차 | 전체 지문 분석<br>기본+기출 문제 | 모의고사<br>기본+기출 문제 | 모의고사 |
| | 5~6주 차 | 심화+서술형+오답<br>기출예상문제 | 기출+서술형+오답<br>기출예상문제 | 기본+기출+오답<br>기출예상문제 |

마/치/는/글

# 학원, 심장을 뛰게 한다!

세상에는 여러 바보가 있다. 딸 바보, 아들 바보, 조카 바보. 나는 학원 바보다.

올해로 23년 차. 그만둘 때도 됐는데 아무래도 콩깍지가 단단히 씌었나 보다. 영어학원 경영과 영어 교육은 여전히 내 눈을 빛나게 한다. 사업가와 교육자로서 역량을 한껏 펼치고 있다. 교수법 연구와 콘텐츠 개발을 위해 부지런히 책 읽고 공부한다. 배움이 곧 휴식인 내게 이보다 좋은 직업은 없다. 영어와 학원으로 매일 설렌다. 앞으로 20년은 더 거뜬하다!

학원 경영은 사람의 성장 과정과 닮았다. 출산을 위해 책 읽으며 태교하고, 아가 방을 꾸미고, 용품을 산다. 태어나면 출생 신고하고, 아이에게 눈을 떼지 못한다. 나이에 맞는 환경과 교육을 준다. 창업을 위해 관련 책을 읽는다. 상가를 계약하고, 간판을 달고 집기류를 들인다. 문 열면 교육청에 학원 출생 신고를 한다. 자리 잡기까지 학원에서 눈을 떼지 못한다. 말 잘 듣고 공부까지 잘하면, 어떻게 그렇게 잘 키웠냐고 묻는다. 학원이 잘되면, 비결이 뭐냐고 묻는다.

학원 경영은 자녀를 키우는 것과 같다.
똑같이 정성을 쏟아야 한다.
정성, 0순위 노하우다.

출간 후, 학원 관계자와 소통했다. 손뼉 쳐주고 싶은 분, 함께 울어주고 싶은 분, 걱정되는 분이 있었다. '큰 각오 없이 창업을 준비한다. 노하우만 찾는다. 투자는 싫고 열매는 바란다.' 학원을 잘 운영하고 싶다기에 할 일을 알려줬다. '이래서 못하고 저래서 못한다. 해봤는데 효과 없다.' 절실한 마음도 부족하다. 시간도 못 낸다. 투자는 돈 아깝다. 잘되는 방법, 있는가? 나는 노하우 찾아다닐 시간에, 알고 있는 걸 바로 행동으로 옮겼다.

세 가지를 실천했더니 온리원 영어학원이 되었다.

첫째, 자녀 키우듯 학원에 정성을 쏟았다.

둘째, 학부모, 강사, 학생에게 바라는 것을 먼저 실천했다.

셋째, 시스템 만들기와 마케팅을 365일 습관처럼 했다.

원장이 자기 자리에서 할 일 하면, 학원은 반드시 성장한다.

나처럼 학원을 천직으로 여기는 분이 많았으면 한다.

"죽을 고생을 그렇게 했는데도 좋아?"

그런데도… 학원이 좋다. 학부모님, 선생님, 학생, 영어와 함께
라서 기쁨과 보람이 더더욱 크다. 나를 철들게 하고, 성장시키고, 여
전히 가슴 뛰게 한다. 내가 느꼈던 행복보다 더 큰 행복을 주고 싶
다. 책을 쓴 이유다. 아프지도 말고, 아프게 내버려 두지도 말고, 자
존감 지키며 좋아하는 일 마음껏 하길 바란다. 오랜 시행착오와 뼈
저린 경험을 한 후에 진짜 행복을 만났다. 이 책을 읽는 독자는 나보
다 일찍 찾기를….

학원은, 당신의 심장도 뛰게 한다!

학원 바보    김 위 아

# 1호, 2호 학생 준이와 주니에게

지금 이 순간, 쌤은 행복해. 왜 그런지 아니?
준이와 주니를 생각하면 늘 웃음이 나거든.
아홉 살에 처음 만났는데 언제 30대가 된 거야?
7년째 함께 하던 어느 날, 이사 간다는 소식을 들었지.
마지막 수업하던 날, 자꾸 눈 주위를 꾹꾹 눌렀어.
먼지가 들어간 것도 아닌데 눈을 비볐어.

가끔… 준이와 주니 처음 만났던 때로 돌아가고 싶어.
이상하지? 왜 문득문득 그때가 그리울까?
선생님과 학생이 코로나 확진되면
달이 해가 되는 줄도 모르고 책상 앞에 앉아 있었어.
학원에선 티 내지 않아. 쌤은 대표니까, 씩씩해야 하거든.

준이와 주니는 쌤이 책 썼다는 걸 영영 몰랐으면 좋겠다.
정 많고 밝기만 했던 내가, 강해져야 했어.
그래야… 학원을… 나와 함께 하는 사람을 지킬 수 있었어.
22년간 외우고 다녔던 주문이 하나 더 있어.
'심장이 딱딱했으면 좋겠다….'

쌤이 울퉁불퉁한 길을 걸어왔다는 것…,

만약에… 나중에 알게 되어도 마음 아파하지 말아라.

여리고 눈물 많은 우리 공주~ 주니~ 울지 말아라.

쌤은 괜찮다, 다 괜찮아. 모두 지난 일이야.


수업하다 말고 떡볶이 먹으러 갔던 철부지 쌤이었지만,

세상에서 최고로 깨끗한 교실을 주고 싶었어.

수업 없을 때는 늘 빗자루 들고 다녔지.

작고 낡은 곳에 와주는 게 고마웠거든.

나도 잊은 내 20대, 기억해줘서 고마워.

학원 하길 참 잘했어!


학원 후배들이 수능을 한 달 앞두고 있어.

고등학교 3년 내내 코로나와 함께 한 아이들이야.

너희가 준 사랑 덕분에 23년째 우리 학생을 만난다.

"내가 영어를 쑥~ 키워줬어!"

늘 큰소리치지만, 나를 키운 건 제자들이야.

텅 빈 교실에 웃음 몰고 온 1호, 2호 준이와 주니

세 번째 책도, 수능 대비도 끝나간다.

우리 곧 만나~!^^


2023학년도 수능을 한 달 앞두고, 달콤살벌 영어쌤